コインを投げると、
表と裏が出る確率は半分半分。
つまり五〇％です。
では、運のいい人は、
いつも思ったほうを
出せるのでしょうか？

残念ながら、それは不可能。
マジシャンでもないかぎり、
表か裏かを選ぶことはできません。

でも、
ラッキー道は選ぶことができます！

その道を歩き、
本書に書いていることを
習慣化していくだけ。

目の前に
二つの道があったら、
もちろん、
ラッキー道を
進みたいですよね。

そうです、
簡単なことです。
選び取るのは
あなた次第なのです。

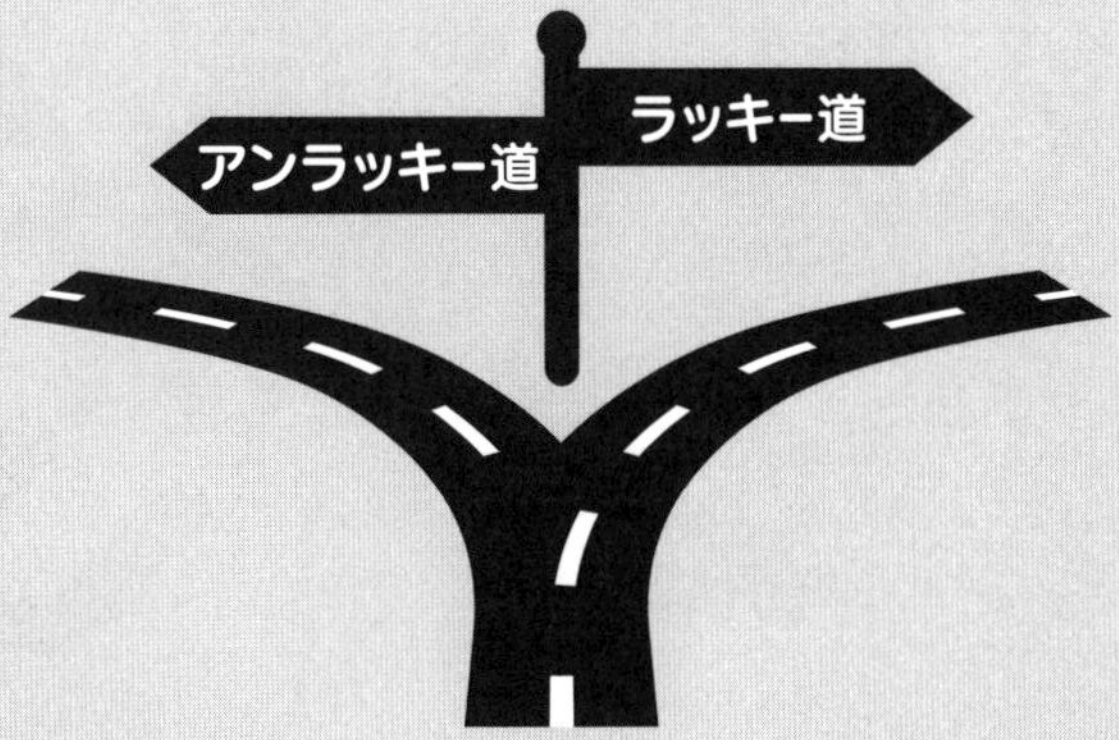

ラッキーなものの見方、
考え方、
行動……
それらが習慣化されれば、
ラッキー体質になります。

ラッキー体質は
磁石のように、
次々と新たなラッキーを
引き寄せます。

そうなればしめたもの。
分岐路に立ったとき、
あなたはいつも、
ラッキーな道を選んで
歩くことができるでしょう。

はじめに

誰もが「ラッキー」になりたいものです。不運に見舞われたいという人はほとんどいないでしょう。

それにしても、人生においてラッキーだなぁ、と思うこともあれば、なんて不運なんだと嘆くことがあります。同じ時代にこの地球に人間として同じように生を享け、生きているのに、自分のことを「運がいい」と「運が悪い」という人がいるはずです。

この違いはなんなのでしょうか。

運というものが、本当にあったとしたら、それは、性格の問題でしょうか。

才能の問題でしょうか。

家庭環境によるものでしょうか。

いずれも違います。

運、不運は、遺伝子や性格の問題ではなく、習慣によって変わってくるものなのです。つまり、考え方や行動などの習慣を少し変えるだけでも、大きく変わってきます。

この本では、どういう人が幸運体質なのか、どうすれば幸運体質になれるのか、そもそも幸運体質の人にはどのような事が日々起こっているのか、「運」と「習慣」についてさまざまな視点から伝えていきたいと思います。

武田双雲

★★★★★★★★★★★★★★★★★★★★★★★★★★★★

あなたのラッキー度Check

以下の10の質問にいくつ当てはまりますか？
□にチェックしてください。

□ どちらかといえば、「自分は運がいいほう」だと思う

□ 今日のラッキーだったことを、三つ以上すぐに挙げることができる

□ 食事はよく味わって食べるほうだ

□ 毎朝、天候や曜日にかかわらず、目覚めがよい

□ 感謝やポジティブな言葉をよく口にする

□ 食べ物や人の好き嫌いはあまりない

□ どちらかといえば好奇心が強い

□ 一日に何度も感動したり感激したりする

□ 幸運・不運は、世間や他人の常識ではなく自分で決める

□ 幸せなこと（もの）があるとすぐに他人にシェアしたくなる

★★★★★★★★★★★★★★★★★★★★★★★★★★

Checkが7～10個の人は、ラッキー度は「高」。かなりのラッキー体質でしょう。

Checkが4～6個の人は、ラッキー度は「中」。自分は運がよくも悪くもないという感じでしょうか。

Checkが0～3個の人は、ラッキー度は「低」。アンラッキー体質に傾いている恐れが……。


みなさんはいかがでしたか？


ラッキー度が「低」だった方はご安心を。

「中」だった方はよくなるチャンスです。

「高」だった方はより安定するでしょう。


本書を読めばラッキー体質に変わる方法がわかります。

Contents

第3章 知れば納得！ ラッキーを引き寄せる仕組み

第4章
ラッキーな人の、お金の習慣

第5章 「ラッキー体質」をさらにレベルアップするために

［編集協力］　浅野祐子
［装丁・組版］　松永大輔
［イラスト］　こいしゆうか

第1章

ラッキーの波に乗れる人、乗れない人

僕は、いつもツイている

僕は、不思議なくらいに次々とラッキーな出来事が起こります。
例えば……。
「アレがすっごく食べたいなあ」と思っていたところへおみやげでいただく。
連休でどの道も渋滞しているはずなのに、僕が乗る車が通る道はスイスイ走れる。
満車だった駐車場が、着いたとたんにタイミングよく一台空く。
……などなど。

仕事の上でも、ラッキーの波がどんどんやってきます。
じつはこの本も、「次の本は、運と習慣について伝えたいな」と思っていた矢先に、
出版社から「運と習慣という内容でお願いできませんか」という依頼があり、もうびっ

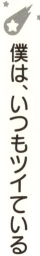

くりしたのなんのって。

偶然と呼ぶにはあまりにもその頻度が多過ぎて、うちのスタッフでさえ「またですか！　ありえな～い」と驚くほどです。


あるテレビ番組で北海道ロケに行ったときは、近年まれにみる大荒れの天気で、収録中止の声も上がったのですが、僕らが現地に着いたとたん、そこだけスカーンと晴れました。「おー、なんとありがたい」と思いながら収録を終えると、また猛吹雪に戻ったのでした。

いいえ、僕に天気を自在にコントロールするような超能力なんて、まったくありませんからね。念のため、スプーンだって曲げられませんよ（笑）。


僕のラッキーエピソードをもう一つ。

昨年（二〇一五年）の夏、アメリカのカリフォルニアで個展を開いたときのことです。

出会う方、出会う方のご縁が幾重にもつながって、個展は大盛況。それだけなら、「ふんふん、なるほど。よかったね」という程度のお話ですが、驚くなかれ、この僕がなんと気象操作の仕掛け人にまでなってしまったのです。

そのとき、カリフォルニアには半年間も雨が降っていなくて、超干ばつ状態でした。ならば、名前に「雲」がついている双雲が個展をやっているんだから、みんなで雨乞いダンスをしようということになりまして、陽気なアメリカ人と僕らはノリノリ。もちろん、宴会の余興感覚ではしゃいでいたんですけどね。

そうしたら次の日、個展会場でセレモニーをやっていると雲がどんどん集まってきて、なんと、パフォーマンスが終わった瞬間、雨が降ってきてみんなで抱き合って涙しました。信じられない感動でした。

「雲をありがとう!」だなんて、みんなに感謝されたけど、キツネに化かされたような気分になったのは僕のほう。しつこいけれど、僕には天気を操作するような超能力なんてないんですから。

ラッキー・サーフィン

でも、そんな奇跡的とも思える出来事が、僕のまわりには当たり前のように起こります。それはきっと、**ラッキーな出来事を引き寄せる「習慣」が身についているから**です。

僕はこれまで、ラッキーなことが立て続けに起きる人や、いつも幸運に恵まれている人とたくさん出会ってきました。そしてその方たちもやはり、僕と同じような習慣があることに気づいたんです。

「これをいま、みんなに伝えずしてどうする！」と、伝えたがり屋の僕の炎がメラメラと燃えてきました。

どんな人でもこのラッキー習慣を自分のものにしていけば、「運」そのものがよい方向に変わっていきます。ラッキー体質になるための「体質改善」を図るべく、これからじ〜っくりと双雲秘伝の「習慣」についてお話していきましょう。

〝ドでかい〟ラッキーは追わない

ラッキーな人というと、まず真っ先に浮かぶのは、宝くじの一等に当たるような人のイメージかもしれませんね。一瞬にして億万長者になるなんてすごいことです。でも、確率論からいえば、そういう人はごくまれ。一発のチャンスでビッグな幸運を手に入れたとしても、そういうラッキーはまず一回きりです。

「ぎゃあ〜、やった〜！」と有頂天になっても、その喜びは徐々に冷えていくもの。永続的に続くような喜びではありません。

さらにいうと、宝くじに当たるような運を〝求める人〟は**「不運体質」**の傾向がある可能性が……。なぜなら、そういう人は**いまの自分の状態に不満を感じている**ことが多いからです。

「お金さえあれば」「〇〇さえあれば幸せになれる」と考えていること自体、「それがないから、いまの私は不幸です」といっているようなものでしょう。

僕がいまからこの本で述べるラッキーな運とは、そのようなビッグチャンスをものにすることではありません。

一度きりの大当たりに狂喜乱舞するのではなく、**日常的に次々と押し寄せて来るような継続型のラッキー**です。日々、ありがたいなあ、と口をついて出るような感じです。「毎度のことながら今回もツイていた～」「相変わらずラッキーだなあ」といえるようなラッキーがひっきりなしに続いたほうが、幸福感をずーっと長く味わっていられるでしょう。

もう一つ、よく「幸運を手に入れた人」「運を味方につけた人」と称される売れっ子スター、大企業の社長、プロで大活躍する選手など、その世界でピラミッドの頂点に立つような人になることも、ここでは対象外。

そういう「強運」のもち主は、非常に特異な人たちです。あんなふうになりたいと強く願っても、残念ながら実現するのは宝くじに当たる確率よりもはるかに低い。

しかも、彼らの幸福度が常に高い状態にあるかといったら、必ずしもそうとは限りません。多くの人が混同しがちなのですが、**「強運」と「幸せ」はじつは別問題。**

ライバルとの熾烈な闘い、厳しい世間の目、そこまで登りつめるまでの壮絶な努力の積み重ね、日々の葛藤など、苦しいことやつらいことも道連れにしたうえでの「運」なのです。


本書で目指すのは、不安定でリスクや副作用を伴う「ドでかいラッキー」じゃなくて、歩留まり〝レベル8〟くらいの**「高値安定型のラッキー」**。

どうです？　なんだかワクワクしてきませんか？

★★★★★★★★★★★★★★★★★★★★★★★★★★★★★

あらためて、「習慣」とは？

今更ですが、習慣とはなんでしょう。
辞書を引いてみると、次のように出ています。

①日常の決まりきった行い。しきたり。ならわし。習慣。「早起きが―になる」「その土地の―になじむ」②（心）イ　後天的に習得し、比較的固定して、少ない努力で反復できる行動様式。ロ　狭義には、特に知識に関係したものを記憶と呼んで、運動に関係したものだけを習慣という。（『広辞苑』より）

簡単にいえば、毎朝、決まった時間に歯磨きをするようなことですね。毎日のことで、当たり前すぎて、面倒だとか、やりたくないという感情をもつことは、あまりないかもしれません。

★★★★★★★★★★★★★★★★★★★★★★★★★★★

ただし、何か新しいことを始めるとき、習慣化をあまり意識すると「やらされ感」が出てきます。みなさんも経験があるかもしれませんが、ダイエットや早起きなど、よいことを習慣化しようとするときに陥りがち。自分で自分を縛っている状態ですね。

「○○せねばならない」は、言葉の裏を返せば「○○したくない」ですから、自然とストレスが溜まります。すると機嫌が悪くなり、幸せに気づいたり、感謝をしにくくなる。つまりラッキーは遠のきます。

ラッキー習慣は、がんばって身につけるものではありません。これ、大事なところです。

僕のラッキー習慣も、がんばって獲得したものではなく、むしろ逆。毎日を楽しんでいたら、いつの間にか、〝うっかり〟ラッキーが体質にまでなってしまったんです(笑)。ですから、この本も、みなさん、ぜひリラックスして読んで、〝うっかり〟ラッキー体質を身につけてくださいね。

幸運のあとには不運がやって来る？

ではまず、ラッキー体質を身につけるための準備段階として、「運」というものについてちょっと考えてみましょう。
みなさんは、次のような言葉を耳にしたり、自分で口にしたことはありませんか。

「いいことがあったから、次はよくないことが起こりそう」
「いやだー、こんなところで運を使っちゃった〜」
「あんまり幸せ過ぎて、あとのしっぺ返しが怖い」
「幸福なときはいつまでも続くわけじゃないし……」

そう。幸運と不運（幸福と不幸）って、セットで語られることが多いんです。

たぶん、「光と影」、「正と負」みたいな言葉に惑わされてしまうのかなあ。コイン投げでも、「表」が続くと、じゃあ次は「裏」などと考えがちですが、冷静に考えれば一投一投、「表」と「裏」が出る確率は、常に五割なんですよね。

コインの場合は、ずっと「表」あるいは「裏」が出続ける、なんてことは実際にはないのですが、「幸運」と「不運」は違います。「幸運」がずっと続くことはある。いや、むしろずっと続きますよ。僕は、一人の人間が**「運を使い切る」なんてことは基本的にない**と考えているのです。

宇宙のエネルギーは無限にあります。同時に、ラッキーのエネルギーも枯渇することはない。つまりラッキーな運は無限にあって、どんどんやって来るものです。こんなにちっぽけな人間に、そんな運を使い切ってしまうなんて、できるわけがないじゃないですか。

ましてや、幸運の次には必ず不運が来るなんて、双雲の辞書にはありません(笑)。**「幸**

せ過ぎて怖い」などと思う必要は、まったくないんです。

実際に僕は、「人生、幸運だらけ」という人を山ほど見てきて、ずっと幸運続きの運もあるということをよーく知っていますからね。

では、なぜ幸運だらけの人が少ないのか。理由の一つは、ラッキーなことが起こる前に、無意識に自分でブレーキをかけてしまう人のほうが多いからではないかと思うのです。その**ブレーキの正体は、「不安」と「恐れ」**。「この先、何が起こるかわからないから……」と、スピードがまだ二〇キロしか出ていないのに、その時点からブレーキをかけ続けている感じ、といえばいいでしょうか。

あるいは、ラッキーを受けとめる自分のコップが小さ過ぎて、ちょっとよそわれたりすると、「も、もう、本当にけっこうですから。あ、こぼれるこぼれる。ああ、もったいない！」と手で蓋《ふた》をしてしまうような感じ。

将来への不安、いまの立場を失う恐れなどから、ラッキーを逃していることもあるということです。

コップがちっちゃい…
ほらよ
たんと飲め
ラッキー水
イヤイヤイヤ!!
もういいですって!!
サラサラ〜

これは日本人特有の謙虚さや慎重さが関係しているのかもしれません。よく「こんなにいいことづくしだと、バチが当たりそう」「自分だけ幸せになっていいもの？」などと思うのも、日本人ならではの謙虚さの表われ。

日本人は昔から、同じ民族が狭い土地でいさかいを起こさないように暮らしてきました。「和」を大切にする社会で、幸せを一人占めするのは気が引ける、幸せになるときも苦労するときも「みんな一緒に」という意識が根底にあるような気がします。

慎重さも日本人のいいところではあるのですが、守りの姿勢が強くなると、外の世界に目が向かなくなる可能性があります。

そこで一言。せっかく目の前にあるラッキーを「どうぞ私におかまいなく～」とご遠慮申し上げるのは、もったいない！

幸せはたっぷりといただいちゃいましょうよ。**幸せ過ぎるなら、一人占めするのが嫌なら、どんどんほかの人にシェアすればいい。**そうしてみんなでラッキーになればいいんです。名づけて「幸せのダダもれ、おすそわけ戦略」です。

そうすると、幸せを受け取る自分の器もどんどん大きくなっていきます。ウソだと思うなら、まず、やってみてください。不安、恐れ、遠慮……どれも生きていく上では大切だし、必要なことですけれど、ちょっとだけそれらを遠ざけてみる。どんどん幸せになればいいんです。

ラッキーの波に乗るには

ラッキー、つまり「幸運」は、「幸せが運ばれる」と書くように、海の波のごとく次から次へとやって来ます。しかもそれは途切れることはありません。

僕は少し前からサーフィンを習い始めました。僕が住んでいる神奈川県の湘南海岸は、サーフィンのメッカ。

水泳には自信のある僕ですが、サーフィンとなると話は別です。初めは必死になればなるほどなかなか波に乗れず、ボードから引っくり返ってばかりいました。

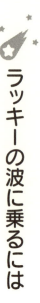

するとサーフィンの先生がこういいます。

「がんばらなきゃ乗れない波には、乗らなくていいんです。力を抜いて、寝ちゃうくらいの気持ちで待っていれば、気持ちよく、楽に乗れる波が来ますから」「体は勝手にうまくなるので、頭でいろいろ考えて邪魔しないでください。自分の体を信じてください」と。

これって、ラッキーの本質に近い言葉です。

頭で考えているうちは、体が動かない。例えば、普段僕たちは歩くときにどう歩いていているかなんて考えていません。「まず右手を前に出して、そのとき左足を前に……」とか、頭で理屈を考えながら動かすと、かえってヘンテコな動きになってしまうじゃないですか（笑）。

ラッキーの波に乗りたいなら、理屈を考え過ぎたり、ヘンにがんばり過ぎたり、自分でコントロールしようと思わず、いい波が来たときにすぐ乗れるように、**まずは心のブレーキを外しておくこと**なんです。

必要以上に不安や恐れのブレーキがかかっていると、「いや、これは乗っちゃマズイだろっ。これも……うーん、まだだな。ちょっとやめとくか」と自分をがんじがらめにして、そのうちにいい波が来ても逃してしまいます。

波に乗る技術も大切ですが、まずそのブレーキを外すことが先決。そうすると、もっともっと自然なかたちでラッキーな出来事が舞い込んできます。

つい先頃の話です。僕を含め、自他ともに認めるラッキーマン三人で、お昼ご飯を食べに行くことになりました。

普通は先に「どこで食べる?」「何を食べる?」と考えて行動するものですが、僕らはほとんど風まかせ(笑)。というのも、僕には「まあ、このメンツなら、店など決めていかなくても大丈夫。最高のランチになる」という確信がありました。理屈じゃなく、いい流れが来るとわかっていたんです。

ところが、適当に車を走らせたはいいが、途中から道に迷ってしまった。

そのとき車内では、「わわ、なんだ、ここは~!」「おもしれーっ」「もっと行ってみよう！」と、ミステリーツアー参加者さながらの大盛り上がり。
あとで考えてみると、「この道、大丈夫かな？」「引き返したほうがいいんじゃない？」などと心配するメンバーが、誰もいなかった（笑）。

しかしなんと、その道の先に、とーっても雰囲気のいいレストランがひっそりとあって喜んで入店。料理もおいしいわ、三人で盛り上がって楽しいわで、思っていた通りの最高のランチになったのでした。それこそ、「行き当たりバッタリ」転じて、**「行き当たりバッチリ」**ってやつです。

力を抜いて流れに逆らわず、そのときどきの状況をおもしろがって楽しんでいると、なぜか、幸運の波が向こうから好んでやって来ます。それはまさに「来ちゃった」という感覚です。

ラッキーの波にうまく乗るコツは、リラックス＆エンジョイの状態でいること。気分が重かったり、忙しかったりして心に余裕をなくしていると、すぐそばにいい波が来ていても気づきません。逆に、慌ててヘンな波に乗ってしまうことにもなりかねない。

リラックスして、視野を広げておくと、遠くからやって来るいい波が見えてきます。のんびりと待って「あの波に乗ったら楽しそうだ」と感じるタイミングを大事にしましょう。

心のブレーキ

噂のフレンチ行かない？
同僚
うっ…
や、やめとく
行きたいけど、ダイエット中だしっ 金欠だしっ
翌日
きのうの
すっごいおいしかった!!
ヘルシーで安いの!!
ふ…ふーん
じゃっ
キィ〜〜
行けばよかった!!

「危険」なシグナルとの向き合い方

ここで注意を一つだけ。幸運の波を逃すまいと、がむしゃらに突き進むのはNGです。とくに心身がリラックスしていない状態のときは、視野が狭くなっていて周りがよく見えていません。だからキケンな波に乗ってしまうこともあるんです。あせっているときや不安なとき、イライラしているときって、うっかり約束を忘れたり、仕事でも凡ミスをしたりしがちなものでしょう。

サーフィンの先生によくいわれるのは、「いい波が来たときに乗れるようなライフスタイルを、まず作ってください」という言葉。これも深い言葉です。

ラッキーの波も同じ。必死につかみこむものでも、呼びこむものでもありません。

次々に来ているものだから、あせって乗らなくても、「まあ、これに乗らなくてもいいや。待っていればまた来るもの」みたいに**気楽な感覚で、乗りたいときに乗る**のがベターです。ブレーキをかけて波に乗らないのではなく、リラックスして波を待つゆとりが必要ということです。

僕は、大学卒業後に就職したNTTを三年でやめました。

そのとき、会社のみんなに「書道家になる」といったら、先輩たちは「やめとけ。危ない危ない！　飯が食えなくなったらどうするんだ」と止めてくれました。すっごくありがたかったですよ。それだけ僕のことを心配してくれているんだなあと胸がじんわり。

でも僕の決心が変わらないと知ると、ある先輩が「じつはさあ、俺も若い頃は資格を取ってやりたいことがあったんだよなあ。何度も会社をやめようと思ったけど、あきらめたんだ」といいました。「お前がやめちゃったら、俺が自分の過去と決着つけられなくなるじゃないかよ〜」とも（笑）。

自分にGOをかけるのも、STOPをかけるのも、自分次第なんですよね。

僕の場合、理屈ではなく、自分の中で「書道家になることが決まっちゃった」感があったので、一切迷いませんでしたが、直感的に「ヤバいかな」と感じるものがあったら近づかないほうがいいでしょう。

僕にも思い当たることがあります。

二〇一一年から二年間、胆のう炎という病気に苦しめられたことがあるのですが、いま考えると、その前に「そこ、進む方向が違うよ〜」と体が発信するなんらかの警告信号を感じてはいたのに、無視していた。かまわず自分の行きたい道を通ったら、〝どっかーん〟と罰金プラス免停になっちゃったような気がします。もう「無視してすみませーん！ 私が悪うございました！」という感じです（笑）。

「おいおい、なんかヘンだよ。ちょっと止まったほうがいいよ」とささやく内なる声に耳を傾ける柔軟性も必要ですね。このときばかりは痛感しました。

人間にはもともと、危ないことを避けようとする遺伝子が入っています。何億年もの生命の歴史を通じて、危険なニオイや危険が発するシグナルにも敏感です。「イヤな予感」がまさにそれ。その中で行動とのバランスをとって、大自然の中を生き抜いてきたのでしょう。

いまは情報化時代なので、いろいろな危険情報が入ってきます。でも、情報が過剰にありすぎるから、リスクも必要以上に見えてくる。「危ないよ〜！　危ないよ〜！」というアラーム音がどんどん大きくなっている感じもします。

子どもの学校からは親のスマホにしょっちゅう「地域の不審者情報」が入ってくるし、いくら僕がポジティブ思考でも、これだけ「キケン、キケン」という情報を耳にすれば、子どもを一人で外に出せなくなってしまいます。

とはいえ、昔からアヤしい人はいっぱいいたし、僕なんかも平日の昼間から、道路に寝っ転がって花を撮影したりするから、傍からはアヤしい人間に思われるクチなんですけどね（笑）。

火山が噴火しそう、テロがありそう、体に悪そう、老後貧乏になりそう……。見るもの聞くものに不安をあおられたら、行動がとりづらくなるのもたしか。多くの人がラッキーの波に乗りにくいのは、そういう時代背景もあると思います。

しかし危険に敏感になりすぎると、何もできなくなってしまう。情報に振りまわされ、どれが本当なのかわからなくなって、踏み出せなくなってしまうんです。

そもそも僕らは、小さい頃から自分で答えを導き出す教育を受けてきていませんよね。大人が出した正解を探り出すことはできても、自分で答えを見つける鍛えられ方をしないまま大人になった。

だからこそ、**リラックスして肩の力を抜き、あまり考え過ぎずにのんびり構えているのが一番**なんです。あとで述べる双雲流「ラッキー習慣」を身につけていけば、幸運の波がジワジワと向こうからやって来るんですから。

がんばらなきゃ乗れない波には乗らない

自分にブレーキをかけている正体や、思いグセ（思い込みなどの傾向）がわかってくると、ラッキーの波に乗りやすくなります。先に述べたように、ブレーキをかけるおもな要因は不安と恐れです。それに加え、心の中に鎮座している「がんばり信仰」と「執着心」もクセモノ。

じつは、これがけっこうやっかいなんですよ。

僕たちは「努力と根性」という言葉が意外と好きです。昔から「努力は報われる」といわれてきたこともあって、「努力さえしていれば、いつかきっと」と思いながら自分を奮い立たせることもありますしね。

しかしいつまでも成果が見えてこないと、「いったい、どれだけがんばれば幸せになれるんだ〜？」と、わからなくなってしまう。裏を返せば、「まだがんばりが足りないから幸せが来ないんだ」と思っているフシもあります。

努力もせずに手に入れたものには、抵抗感や後ろめたさってありませんか？「努力もしないで幸せが来るはずがない」と思っている人は、「努力していないのに、このラッキーを受け取っちゃマズイだろ」という心理が働いて手放しで喜べない。

童話だってそう。「浦島太郎」のお話も、竜宮城でいっぱい遊んできたらとんでもない結果になっちゃったし、「アリとキリギリス」も、遊んでばかりのキリギリスはあとで大変な目にあうわけです。「ラッキー！」とハシャいでばかりいて調子にのっていると、「あとが怖いよ〜」と小さい頃から刷りこまれていますからね。

でも僕からいわせると、**ラッキーな波に乗るのに、努力もがんばりも必要ない。**むしろ、一生懸命がんばらなくちゃ乗れないような波には、無理して乗らなくていいんです。

「努力」という字は「力」とか「力み」が入りまくっています。「頑張る」も「頑なに張り」まくっていて、もうパンパンって感じでしょう。がんばってつらい思いをするより、もっとお気楽にラッキーの波に乗れたほうがいいと僕は思うのです。ここで、ちょっと自分の思いグセを振り返ってみましょう。

僕たちは、「がんばればがんばるほど、上達する」といわれながら、勉強やスポーツ、おけいこ事に励んできました。

自転車も、最初は何度も転んでケガをして、泣きながら乗れるようになった。そして、その切り傷や自分のがんばりを「勲章」のように大切に思ってきました。運動部の部活では、ヘトヘトになりながらグラウンドを何周も走り、厳しい筋トレにも精を出した。勉強も、眠い目をこすりながらがんばってきました、よね。

で、ずっとがんばってきた人は、「まったく！　いまの子はすぐ楽をしたがる」とかいいたくなっちゃう。誰でも、いままでがんばってきた自分を否定したくないですもんね。

その「がんばってきた勲章」に水を差すようでごめんなさい。

いまはスポーツ科学や脳の研究が進み、これまでの常識が覆っているものも多々あります。例えば、筋トレは毎日しないほうがいいとか、体内時計と脳の仕組みによる効率的な勉強術があるとか、自転車も楽に乗ることができるようになるやり方が広まるなど、次々と新しい常識が打ち出されています。

「えーっ、あの自分たちがやってきた努力は無駄だったということ～？」なんて声も聞こえてきそうですが（笑）。

何十年もがんばって、難しい文法をひたすら勉強してきた英語だって、ものにしている人は少ないし、努力してがんばることが必ずしも……と思えてきませんか？

ラッキーの波にうまく乗るには、「こうに違いない！」と信じこんでいる自分の思いグセに気づき、**いったんニュートラルな状態にしておく**ことも大切なんです。

あくなき向上心

DNAに刻み込まれた自分の力を信じて

僕は書道教室の生徒さんに、「まず力を抜いてください」とよくいいます。そして「字がうまくなるために書道をやらないでください」とも。

一画一画の線を書くのがおもしろいな、墨の香りがいいな、このにじみ具合がたまらないな〜とかいって、書道を楽しんでいたら「あれ、いつの間にかうまくなっている！」というのが最高でしょう。

しかし、こんな超変わった先生の指導のもとで長くやってきた生徒さんでさえ、「こんなに書いたのに、ぜんぜんダメだ〜」とがんばってしまうことがあります。でも、うまくなるためにがんばると、苦しくなるだけなんです。

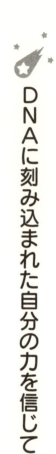

そんなとき、僕は「あなたの手には、人類が長い年月をかけて刻み込んできた運動能力や美意識、バランス感覚などがしみつき、DNAに刻まれています。筆にも、何千年もの歴史が受け継がれているんだから、自分の体と筆を信じてください」といっています。

うまく書こうと思って筆をコントロールしようとすると、筆のほうが、過保護ママにあれこれ指図される反抗期の子どものように「やだ～、ママのいう通りになんか動きたくな～い」と、思うように動いてくれないんですよ（笑）。

ある太極拳の先生も、「みなさん、早くうまくなりたいとすごくがんばってしまいます。とにかくゆっくりと、リラックスしてやってくださいというのですが……」とおっしゃいます。あの、ゆっくりとした動作が特徴の太極拳なのに、それだけリラックスできない現代人が多いということなんでしょうね。

がむしゃらに向かっているだけでは、乗りきれないものがたくさんあります。

もっとゆる〜く、自分が川の流れに身をまかせる葉っぱのように、「ああ、気持ちいいなあ」と自然に運ばれる感覚を味わう心のゆとりが、現代人の忘れがちなところ。

もちろん、努力することは大事なことなのですが、ただ、「努力とがんばりがすべて」と自分をがんじがらめにしていないか……。その**「がんばり信仰」がラッキーの波をせき止めている可能性もある**んじゃないかと、少し考えてみる価値はあると思います。

禍福はあざなえる縄のごとし？

幸せと不幸は交互にやって来る、という意味の言葉、格言があります。辞書によると、「この世の幸・不幸は、より合わせた縄のように、常に入れかわりながら変転する意」（『広辞苑』より）とあります。『史記』の南越

★★★★★★★★★★★★★★★★★★★★★★★★★★★

伝中にある「禍によりて福となす、成敗の転ずること、譬れば糾える纆のごとし」などが語源のようです。

つまり、いまの禍も、将来の福につながり、その逆もあるので、出来事に対して一喜一憂することなく平常心を保とうというような意味だと思います。

しかし、ここでいう禍福の、福は、この本でいうラッキー道の幸運ではなく、どちらかといえば、自分でがんばって〝つかみにいく〟一攫千金タイプの幸運のことだと思います。

プラスがあるからマイナスがある、悪魔がいるから天使がいる、善人がいるから悪人がいる、というような二元論ではなく、もうちょっと別の次元に、本書でいうラッキーはあります。

がんばりがもたらす「執着心」を手放す

ここで誤解のないようにいっておくと、僕は「努力とがんばり」を否定しているわけではありません。諸外国から「勤勉」と称賛される日本人を、ものすごく誇りに思っています。

日本人は、「シエスタ」などといって昼間から休んで寝る国や、夏休みの「バカンス」で二か月近く休暇を取る国の人から見たら、「ありえない」くらいの働き者ですよね。だからここまで経済も文化も発展してきた。ずっと鎖国をしていた国が、戦争でボコボコにされてしまった国が、あっという間に先進国になり、経済大国になっちゃった。しかも、日本人の作るものは、世界でもダントツに優れているから信頼も厚い。「すごい」の一言です。

これは昨年の話。ある知り合いのフランス人が「今年の夏は、一か月ちょっとしか休みが取れなかったんだよ」と嘆いていたので、「十分長いだろっ！」とツッコミを入れたくなったんですよ。それで、「一か月も夏休みを取る日本人はまずいないよ」といったら、「え、何いってんの？　じゃあ、日本人は仕事のために生きてんの？」と返されて、うーん……（笑）。

日本では、昔から「お家のために滅私奉公」とか、サービス残業とか、「公」のために尽くすことが美徳とされて、普段の生活でも「ブラブラ、ダラダラすること」が許されない空気がありますよね。

子どもは「ダラダラしていないで、そんな暇があったら勉強しなさい！」といわれるし、会社では「言い訳はいいから、とっとと結果を出せ！」とせっつかれるし、主婦も「ご飯、早くしてよ～」と急かされながら家事や子育てで時間に追われまくっています。

その上、アリさんや働きバチさんのようにせっせせっせと蓄え、国民の貯蓄率は世界一。それでも、「まだまだ足りない」「バブルのときのように、油断して使っていたら痛い目にあう」「老後はどうなるかわからない」と不安がつきないのですから、苦労性の民族なのかもしれませんね。

でも正直いって、誰でも、そうやって**努力してがんばって手にしたものは、手放したくない**のが心情です。

極端な話、「俺は死に物狂いでがんばって、この□□を手に入れたんだ。簡単に手放すわけにはいかない！」と踏ん張ってしがみつく感じでしょうか。□□の中に入る言葉は、お金だったり地位だったり、名誉っていう人もいる。

「太っちゃって、この服もう着られないんだけど、若い頃がんばってお金を貯めて買った高いブランドものだから捨てられないのよ～」という気持ちとも似ていますね。

ラッキーの波には、何かにしがみついているとうまく乗ることができません。

仮に幸運のボールが飛んできても、「僕は両手にいっぱい重い荷物をもっているから、受けられません」と逃してしまうようなもの。荷物を手放して、初めて受け取ることができるんです。

それをわかりやすい例で説明しますね。

例えば、行列のできる店に朝早くから並んで、おいしいと評判のケーキをやっとゲットできたとしましょう。「こんなに苦労して買ったんだから、誰にもあげないで食べようっと」と一人で全部食べちゃったら、幸せな時間はそこだけで完結してお終いです。

一方、「めったに手に入らないケーキだから、A子とB子を呼んで食べようっと。二人ともきっと喜んでくれるわ～」と考えた場合はどうでしょう。

今度はA子さんが高級和菓子をおすそわけしてくれて、次にB子さんが産地直送の新鮮な果物をもって来てくれて……てなことにもなるわけです。つまり、おいしい幸せな時間が次々とやって来て、三回も味わえちゃうかもしれない。

ラッキーの流れもそれと同じ。人の喜ぶ顔見たさに自分の幸せをシェアしたときは、ラッキーの波は次々とやって来ます。

ただし、初めから見返りを期待して分けると、みんなもその辺は勘づくのでご注意くださいませ（笑）。

執着心
びっしり
この実はワシが育てた
ガハハハハ
全てワシのだ
誰にもやらん!!
いいなー
いいなー
育てた木だけど
食べれる分だけあればいいのー
ドゾー
ドゾー
お札にこれもってきたー
ポツン…

エゴのない人にはラッキーの波が押し寄せる

人は何かに執着して守りの姿勢に入ると、自分をガードする小さな箱の中に入ってしまいます。その中に入っちゃうと、外が見えないから「自分が、自分が」という意識が強くなる。つまり、エゴの気持ちが大きくなり、自分のものはがっちりつかんで、手放したくなくなるんです。物事を自分の損得だけで見がちになるのはそういうとき。そこですべての流れをストップさせてしまいます。

僕は書道家なので、いつも漢字の意味を考えてしまうんですが、「人が止《とど》まる」と書いて「企《くわだ》てる」という字になります。これに気づいたときには「なるほどね〜」と思っちゃいました。人が止まっていると、企てなければいけないことがいっぱい出てきますからね。これは人間の防衛本能のあらわれでもあるんですが。

でも「企て」という言葉には、なんとなく悪のイメージがつきまといませんか。ほとんどの場合、あまりよろしくない結果が待っているような……。ほら、仮面ライダーに出てくるショッカーも、アンパンマンにやっつけられるバイキンマンも、常に企てたり企《たくら》んだりしていますが、幸せとは縁がない（笑）。それこそ骨折り損のくたびれ儲けで終わっちゃいそうです。ヒーローは企みませんよね、そういえば。

空気や水の流れが止まると澱んでしまうように、お金も人も、ラッキーな運も自分のところで止めていると新しい風が入ってきません。

何かを受け取ったら流す、また受け取ったら流すという「流れ」をストップさせないことが、うまく受け取るためのコツ。バトンリレーだって、走りながらバトンを渡すとスムーズに受け渡しができますが、いったん立ち止まって渡すと走りの流れが止まってしまうでしょう。**執着心を手放して流れをよくしておくと、いつも新しいラッキーが舞い込みやすくなる**んです。

僕はこれまで、テレビや雑誌でスポーツ選手、ミュージシャン、役者さん、学者さんなど、各界のトップクラスの方たちと対談させていただいてきました。その数は数百人。

意外だったのは、みなさん一様にいまの自分の成功や立場を、「運がよかっただけです」といわれることでした。「運も実力のうち」とはいいますが、僕も初めは内心「まったまた〜、謙遜してそういってるだけでしょ」と思っていたんです。でもさまざまな方からその言葉を聞くうちに、本当に、心からそう思っているんだとわかってきました。

つまり、いま自分が活躍できているのは、幸運にも、いい指導者に巡り合ったから、いいお話が舞い込んだから、いい機会が与えられたから、いい発見があったから、いい時代の流れに乗れたから……と、とらえている。自分たちは外から来たものにたまたま乗っかっただけで、何かに導かれてここまで来た、という感覚のようです。

だから思いのほか執着心が少なくて、「これは自分の努力のたまものだ！　これだけがんばってきた結果なんだから、当然だよ。もっと俺をほめろよ！」なんてことにならないし、なりようがない。

実際は、みなさんのものすごい努力や才能があっての結果だと思います。ですが一方で、そこにいい波が来なければ、ここまでたどり着けなかったということも事実でしょう。確かに、生まれる時代や育った国を始め、そのときの動向や潮流、時機も大きく関係していますからね。

そして、ここからが肝心。

「いいタイミングでいい波に乗れただけ」と感じている人は、**「おかげさま」という感謝の気持ちをすごくもっています。**そしてがんばって運をつかんだとか、計算してこうなったとは思っていないから、エゴの気持ちが少ない。

ほら、よくミュージシャンがステージで「ありがとう～！　みんなありがとう‼」などと叫びますよね。あれって、こうしてコンサートができるのは、みんなのおかげ、幸運のおかげと、自分以外のものに心から感謝している言葉なんだと思います。

選挙カーで連呼する「ありがとうございます！」とはまったくの別モノ（笑）。同じ「ありがとう」でも、心から出た言葉かどうかはみんなにもわかっちゃいますよね。

ここで、ちょっとまとめ。

ラッキーな人ほど「自分で運をつかんだ」という意識がなく、感謝の気持ちだけをもっている。これ、あとで述べる「ラッキー習慣」の核心ともいえるので、よく胸に刻み込んでおいてくださいね。

受けとれないパス

そもそも、運が悪い人ってどんな人？

この本を手に取られた方は、たぶん「もっと自分に幸運が舞い込んで来てほしい」と願っている方がほとんどだと思います。中には、「自分はことごとくツイていなくて運が悪い。なんとかしたい」と切実な思いを抱いている方もいるのではないでしょうか。

あるテレビ局のスタッフ、Aさんもそうでした。そのときの彼との会話です。

A　「双雲さんはラッキーオーラが出まくりですね。僕は不運体質なんで、うらやましいかぎりです」

僕　「いつからそう思うようになったんですか？」

A　「いつからだろう……。東京に引っ越してきてからでしょうか。最初に、不動産屋とものすごくもめたのが不運の始まりでした」

僕　「そこから自分の不運を数え始めたんですね。不運を集める箱を作っちゃったんだ。今日も不運なことがありましたか」

A　「いいえ、今日は双雲さんに会えたので、いい日でした」

僕　「それって、あなたにとってラッキーなことだったんじゃないですか」

A　「あ、そうか。そうですねえ。考えてみると、過去にもラッキーなこともあるにはあったかな」

彼は、自分の「不運」ばかりカウントしていて、ラッキーなことがあってもスルーして記憶にとどめていなかったようなんです。逆に、不運なことがあると「まただよ！」「二度あることは三度ある」と思い込んでしまう。つまり、意識のベクトルが不運のほうにばかり向いていたようです。

でも、**生まれつき不運体質の人なんていません。**ヨチヨチ歩きの赤ん坊が転んだからといって、「ボクはなんて不運なんだ〜！」と嘆いたりはしないでしょう（笑）。

ある出来事を「不運だ」と決めたときから、不運なことばかりに目がいって、ことさら反応するようになっていきます。

それは**「不運メガネ」**をかけて物事を見ているようなもの。「あれは不運だった。あのときもツイていなかった」と数えているうちに、不運は増幅していくんです。


身近な例でいうと、「厄年」も同じことがいえます。聞くところによると、厄年にやっかいなことが起きやすいのは、本当のようです。ちょうど、体質が変わりやすい時期だったり、仕事などで役職が重くなる時期に重なるのでしょう。

しかし何かあったときに、ちょっとしたことでも「今年は厄年だからなあ」と、それに結びつけてしまいがちなのも確か。悪いことと厄年をつなげ、「厄年」という名前をつけて脳の中に刻み込んでしまう。パソコンで「名前をつけて保存」するようなものですね。厄年じゃなかったら、そこまで反応しなかったかもしれません。

実際、脳には「RAS《ラス》（Reticular Activating System）効果」といわれるものがあり、関心のあるもの以外は排除する仕組みがあります。無限にある情報を全部受け取ったら、脳はパンクしてしまいますからね。だから不要なものは受け取らないようにして、興味のあるものだけを吸い取っていきます。

僕自身の例で考えてみると、妻が初めて妊娠したときは、世の中に急に妊婦が増えたように見え、ベビーカーを使うようになったら、街の中にベビーカーが突然増えたように感じました。でも、それらは増えたわけではなく、**関心をもったとたん、よく目につくようになっただけ**なんですね。

僕のワークショップでは、ときどき「ラッキーリスト」を書いてもらうことがあります。自分にとってラッキーと思えることを、リストアップしてもらうんです。

そうすると、スラスラとたくさん書いていく人と、考え込んで一つも書けない人がいます。書けない人は、まわりがたくさん書いているのに、「ぜんぜん書けない自分は不運だ」といってまた嘆く。それではマイナスのスパイラルが永遠に続いてしまいます。

不運続きを嘆く人は、ラッキーな出来事を「関心外」として脳から排除している可能性もあるということ。不運だけに注意を払っていたら、「こんなにもある！」と感じるものですが、自分の思いグセと習慣を変えるだけで、運は確実に変わってきます。

「時間つぶしでたまたま入った喫茶店のコーヒーが、めちゃくちゃ美味くてラッキー！」

「疲れて乗った電車で、目の前の席がすぐ空いて座れたからラッキー！」

そんな小さなラッキー体験をカウントしていくと、「けっして不運なことばかりじゃない」と気づくのではないでしょうか。

人の価値観やものの見方は、百人百様で違います。

次章では、ラッキーの波を引き寄せ、幸運を呼び込む生き方や習慣についてお話ししていきましょう。これであなたも、ラッキーマンの仲間入り。

★★★★★★★★★★ 1章のまとめ ★★★★★★★★★★

「ラッキーの波に乗る」ためのコツ

☆　大きなラッキーは追わない

☆　ラッキーの後にはアンラッキーが来るという法則はない

☆　幸せは惜しまず、おすそわけする

☆　心のブレーキ（不安と恐れ）を外しておく

☆　力を抜いて、そのときどきの状況を楽しむ

☆　直感的に「ヤバい」と感じるものには近づかない

☆　努力もがんばりも必要なし

☆　自分のDNAを信じる（他力本願でOK）

☆　執着心に気づき、次々に手放す

☆　常に「おかげさま」という感謝の気持ちをもつ

☆　不運を数えず、幸運を数える

第2章

幸運が舞い込む「ラッキー習慣」を身につける

「魔法の言葉」で運を受け入れる

人間には、生まれながらにして「運命」という波があります。生まれた時代、そのときの社会背景、親や家庭環境、身体の作りや体質など、それらの波は受け入れるしかありません。逆にいえば、最初の運命には逆らわず、**まず、その波を受け入れる素直さがラッキーを引き寄せる人生につながっていきます。**

僕のある本のタイトルは『だからこそできること』(主婦の友社)というんですけど、これって、自分のすべてを受け入れる「魔法の言葉」なんですよ。

「○○だからこそできること」、例えば、失敗したからこそできること、不器用だからこそできること、年老いてきたからこそできること……。ほら、ここに続く言葉って、**どんな言葉をもってきても、なんでもポジティブに変換できてしまう**でしょう。

じつは僕、この言葉を発見したとき「この言葉は最強だ！」と稲妻に打たれたような感覚があったんです。

これこそ、どんなにネガティブに見える人生をも逆転させる言葉ではないかと。

それによって行動や習慣、考え方も変わってきます。ラッキーを引き寄せる言葉であることも、間違いありません。

自分の不運を嘆きそうになったら、ぜひ、このあとに続く言葉を考えてみてください。「お金がないからこそ、節約料理が上手になった」「仕事で挫折したからこそ、家族の温かさがわかった」「失恋したからこそ、新しい自分に生まれ変われた」など、不運の陰に隠れて、いままで気づかなかったラッキーな出来事もたくさん見えてくるはずです。

僕は昨年、子どもの手足口病がうつった後遺症で、三日ほど嗅覚と味覚がまったくなくなった時期がありました。それを逆手にとってトライしたことがあります。

卑近な例ですけれど、臭いをまったく感じないので、このときとばかりにトイレや排水溝の掃除、子どものおむつ替えも積極的に引き受けました。さらに、何を食べても風味がわからないので、マズい（けれども体にはよい）サプリメントをバリバリと食べてみた（笑）。

結果は万事がマル。マイナスの状況になっても「○○だからこそできること」の視点で考えてみると、プラスに利用できるということです。

ラッキーなことは、意識を向けなければなかなか見えてきません。でもおもしろいことに、「私、運がいいかも」と思い始めたとたん、なぜかラッキーなことが次々に身の回りに現われ始めます。

僕はNTT時代、同僚から「仕事がつまんねえ」「あれも、これもキツいよなあ」などという仕事のグチを聞かされることがよくありました。そのとき、「こんなふうに、毎日つまんないと思いながら定年まで働くのはヤダなあ……」と思ったんです。

で、自分でおもしろくするように仕掛けていった。会社に新しい仕事のやり方を提案したり、通勤電車にグリーン車を使ってみたり、**「とにかく楽しんじゃえ！」**と（笑）。

すると、どうなったと思います？

自分が楽しんでいると、世の中の楽しんでいる人たちが目につくようになってきた。会社の中でも仕事を楽しんでいる人とご縁ができたり、楽しい情報が入ってきたりして、楽しい波長がどんどん引き寄せられる結果になったんです。

思えば、これが僕のラッキー人生の始まりでした。

まずはとにかく、毎日、少なくとも一日一度は、何も考えずに**「僕はラッキーだ」「私は運がいい」と口に出していってみましょう。コツは、ちゃんと自分に聞こえるように言葉にして発すること。**そこからスタートです！

★★★★★★★★★★★★★★★★★★★★★★★★★★★

不運（ネガティブ）を
幸運（ポジティブ）に変える
魔法の方程式

「AだからこそB」

不運
（ネガティブ）
➡ **だからこそ** ➡
幸運になった!
（ポジティブ）

・失恋した	➡➡	・新たな出会いがあった
・貧乏だった	➡➡	・家族の絆が強まった
・挫折した	➡➡	・成長できた
Etc.		Etc.

外部のことに惑わされない

僕たちは、いくら自分が楽しいことばかりに目を向けようとしていても、人間社会で生きている以上、外部からもたらされる物事によって気分が急降下してしまうことがあります。いつも不機嫌な上司、夫や妻の八つ当たり、日常で起きる腹の立つ出来事、テレビやラジオのニュースで流れるネガティブな情報などによって、常に上機嫌で暮らすのは至難の業。

かといって、仙人のような暮らしでもしない限り、ぜんぜん社会と関わらずに生きていくっていうのも無理な話ですよね。

僕は小さい頃から、自分のポジションを意識させられることなく育ってきました。

うちの親は、僕が勉強してもしなくても、点数がよくても悪くても、人と比べることがなく、「いや～、大智《だいち》（僕の本名）は天才なんだから大丈夫」といい続けてくれたので、僕も人の評価は関心外。自分はこの人より下とか、この人は上というような、人に優劣をつける意識をもたないまま今日に至っています。

だからどんな偉い人とも普通に話せるし、勝ち負けの競争社会とはまったく無縁の生活を送ってきました。

ただ**優越感や劣等感がないかわり、自己肯定感だけはあった。**そのせいか、若い頃は、まわりの空気が読めない「ＫＹ人間」の傾向も……（笑）。

学生時代、会社員時代、そして書道家になってからも、一貫して競争社会の中に身を置いてこなかった僕は、敵やライバルがいないから〝無敵〟でした。

戦わないと敵もいない。そう、誰と戦っても負けないのではなく、最初から誰とも戦わないのが「無敵」です。戦わないこと自体が最強なんです。

もっとも僕の場合、「おもしろい、おもしろい。みんなもやってみて。うまい、うまい。みんなも食べてみて～」って、自分で楽しんでみんなに感動を伝えているだけなので、

ポジティブ・ラッキー
あれ？
ココドコ!?
道まちがえた!?
ん？ あそこは!?
ハッ
最近話題のスイーツ屋だ〜♡
んま〜
SWEET
んまー
道まちがえてラッキー♡
お土産にもしよし♡

気がつけば周囲は敵どころか味方ばかり。僕の中ではそもそも「戦い」という意識・概念を発動しない生き方を選択しています。

小学校時代、巨人（野球のジャイアンツ）が負けると、翌日は一日中不機嫌になる先生がいました。

それって、感情のギャンブルみたいなものでしょう。**外部の結果によって気分が左右されるというのは、すごくリスキーな生き方**だと思います。

僕は、いつの頃からか**「自分の感情は、外部の結果じゃなくて自分で決めればいい」**と考えるようになりました。

外部のことに神経を尖らせてばかりいると、自分が振りまわされるだけです。人がどうあれ、自分が楽しいと思うことに目を向けて上機嫌でいさえすればハッピーな気分でいられます。**「ハッピー＝ラッキー」**ですからね。自分のハッピーと周りのハッピーをつなげる習慣を身につけるとさらにラッキーマンになれます。

上手に物事、人間関係の距離を保つ

外部のことに振りまわされないためのコツをもう一つ。それは深く入り込み過ぎない距離を保つことです。

野球やテニスをやっていると、そんなに力を入れなくてもボールを楽に打てる距離というものがあります。しかし、多くの人はどうしても自分の体の近くで打ちたがる。それは、近いほうが安心して打てるし、自分でボールをコントロールしやすいと考えるためです。がんばらなくても距離さえとれば楽に打てるのに、不安になって、どうしても近づき過ぎちゃうんですよね。

太陽だって近づき過ぎれば大変なことになります。

しかし、コントロールしようとすればするほどヘンな力が入って、残念な結果になることが……。がんばって力を入れると、強い球を打てるには打てるんですが、その分、問題も引き起こしやすいんです。

仕事や人間関係、夫婦・親子関係もそう。

近づき過ぎて、問題の渦中に入ってしまうことってあるでしょう。近いと問題は解決できるんだけど、いつも「問題を解決してばかり」になる可能性も大。そうすると、自分はものすごくがんばっている感じになるんですが、コントロール術だけがうまくなっているとも考えられます。

だから、**問題の起きないちょうどいい距離感が大切。**仮に周りの人間が不機嫌になったら、「いまはイライラプレイをしているんだな。これは怒りプレイだな。まあ、そういうこともあるよね、人間だもの」って、映画でも観ているような感覚で黙ってうなずいていれば、じきに嵐はおさまります。「天気」とは、天の気と書きます。天でさえ、気まぐれなのですから。

ネガティブな感情に対して、「言葉かけは無意味」ということも覚えておいてください。例えば、奥さんがイライラしているような状況で、なだめようと言葉をかけても却って火に油を注ぐ結果に、なんてことも……。とにかく、適切な距離を取ることが大切です。

自分にとっての「幸せ」ってなんだ？

外部の結果や評価を気にしない僕は、書道の作品をほめられようが、本が売れようが、メディアや世間で注目されようが、自分の幸福度とは無関係。もちろんうれしいし、感謝もします。ですが、人に認められるためにやっているわけではないので、幸せとは直接関係ないんです。

自分が好きなこと、得意なこと、楽しんでやっていることを、のんびりゆったりやっていたら、たまたま周りのみんなが喜んでくれただけ、という感じでしょうか。

逆に、自分の活躍の度合いで幸福度が決まってしまうとしたら、それこそアブナイと思います。もしも、社会的な評価を得られている人が「この状態こそが幸せ」と思っていた場合、自分の評価が落ちてしまうと幸せじゃないということになるので、常に追い求め続けなければならない。そして気持ちの底には、いつか評価を失ってしまうのではないかという不安がいつもあると思います。

そういう人生って、ぜんぜん幸せじゃない（ラッキーじゃない）ように思えるんですが、みなさんはどう思いますか？

ただし、**自分の評価が高まることで何かに貢献できると考えた場合は、心の中に陰は生まれません。**評価されることが目的ではなく、先に進むための手段になっているわけですからね。

失ったら、別な手段を考えればいいだけのこと。お気楽でいられます。

とはいえ、現代人はとかく人の評価を気にし過ぎるもの。

ブランド物も、自分が気に入って使っている分にはいいんですが、人に見せるために使っているとしたら、評価にしばられているのと同じです。

「見栄」という字は「栄えているように見せる」と書きますが、幸せに見せるため、成功しているように見せるための作為が入ってくると、最後はむなしさしか残りません。

自分にとっての本当の幸せってなんだろうと突き詰めて考えたとき、じつは家族と一緒に過ごす時間だったり、みんなの喜ぶ顔を見ることだったり、楽しいことをしているひとときだったり、自分が求めている幸せの本質や基準が見えてきます。

僕が病気になったときは、とにかく健康な状態に戻ることだけを願っていました。痛みというのはネガティブな状態そのものなので、自分が試されているような気もしていました。

ちょうどその頃、ある女性が「双雲さんはいつもポジティブで明るいけれど、私はいま、すごくネガティブになっているんです」と相談してきました。

僕は自分の病気のことがいつも頭にあった時期だったので、「病気か何かで悩んでいるんですか?」と聞くと、「私、体は強いので、ぜんぜん病気はしないんですが……」という。このとき僕は、「なんと幸せな人なんだ〜!」と後光が差しているように見えたんです（笑）。

ちなみに、彼女がネガティブになっていた理由も僕には想定外のものでした。「じゃあ、人間関係とかお金のことで?」と聞けば、「そういうことはまったく大丈夫です」「?」「じつは、隕石が落ちてきたらどうしよう、宇宙人がやって来たらどうしようかと思うと、怖くって!　どうしてもネガティブになってしまうんです」という!　悩みのスケールが違いすぎる……（笑）。

僕にとっては、健康な体こそが何よりの幸せだと思いましたが、それぞれの価値観ってこうも違うんですよね。

まあ確かに、隕石も宇宙人も確率としてはゼロではないですけどね。そういう情報が気になると、どんどん類似の情報が集まってくるから、彼女にとってはリアルな問題だったんでしょう。

普通は人間関係やお金、健康のことで悩む人が多いのに、それはぜんぜん問題ないというあなたって、「すっごく幸せじゃないですかー!」と、僕は思ったのでした(笑)。

まあ、これも僕だけの個人的な価値観ですけれど……。

ラッキーとアンラッキーのとらえ方

前出の彼女と僕のとらえ方の違いを見ても、ひとつの物事をラッキーと受けとめるか、アンラッキーと思うか、あるいはなんとも感じないかは、人によって違うことがわかります。

ある人にとってはラッキーに感じることが、ある人はアンラッキーに感じているということもいっぱいあるわけです。例えば、真夏に太陽がギラギラ照りつけると、海に遊びに来た人は喜んでいるけど、土木工事をしている人は「暑くてかなわん！」とげんなりしているように。

僕は小学生の頃、天気予報のキャスターさんがよく「明日はあいにくの雨で……」

といったりすると、「みんな、本当にあいにくの雨と思っているの？」と周りに聞いていました。

雨が悪くて、晴天がいいって、誰が決めたんでしょうね(笑)。僕は晴天も好きですが、雨も大好き。最近はゲリラ豪雨などで気をつけなければいけませんが、子どもの頃は、台風が来るというとお祭りがやって来るようなワクワク感がありました。名前に雲がついているせいか、雲も大好きで、空の雲をながめているといつまでもあきません。


ある夏の日のこと。晴れていたのに突然、ザーッと雨が降ってきたことがありました。洗濯ものを干していたので、妻は「雨だ。やだわ〜」と、すごく嫌そうな顔に。それから少し落ち着いた頃、「今日は庭に水まきしなくてすんでよかったわ。久々の雨で草花も喜んでいるわね」と笑顔でいいます。

同じ人間なのに、同じ雨なのに、数分間で「あいにくの雨」から「恵みの雨」へととらえ方も変わっているんです。ね、おもしろいでしょう。

いかに人間というものは、こちら側の都合で物事をとらえているか伝わったでしょ

ラッキーは誰が決める？

うか。ということは、**ラッキーかアンラッキーかは、とらえ方次第で変えることもできる**ということです。

ラッキーは、楽しむこと（人）が好き？

僕の住む湘南は海岸に面しているので、夏の期間は海水浴客でにぎわい、一年を通して多くの観光客が訪れる場所です。みんながこの地に来る目的は、基本的にバカンスや遊び。電車から降りてくる人たちを見ると、「わー、着いた～！」と、どの顔も笑顔、笑顔。強烈なワクワクオーラを放っています。

一方、この駅は、ここから都心方面に通勤通学する人も利用します。僕が朝の散歩で通りかかると、駅に入っていく人たちの顔つきと、出てくる人のそれとが正反対。前者は無表情でどんよりとした雰囲気が満ち満ちています。

同じ駅なのに、この違いようといったら、じつに対照的です。なんだかラッキーに向かっている人生と、アンラッキーに向かっている人生との違いを見せつけられているような感じもしてきます。

ちょっとした目的を変えるだけで、こんなにも心持ちや表情はよくなるものなんですよね。

「何事も、ものは考えよう」といいますが、同じことでも、みんながみんな同じ感じ方をしているとは限りません。

僕の知り合いで、大企業に勤めるAさんは「サラリーマンをずっとやっているけど、毎日が楽しくて仕方がないんですよ」といいます。仕事でもなんでも、自分から楽しもうと思って積極的に取り組んでいるんだそう。

これって、同じ会社で同じような仕事をしていても、**マインド次第で人生の明暗が分かれている**ということです。ついでにいうと、彼はものすごいラッキーマン。仕事に限らず、日常生活でも周囲が驚くようなラッキーが次々と起こります。

彼だけでなく、僕はそういう人をいっぱい見てきたので、**その人の考え方やとらえ方がラッキーな人生に直結している**と確信しているんです。

その例としてすぐに思い浮かぶのは、僕が出会ってきたタクシーの運転手さんたちの違い。タクシーに乗ると、つい運転手さんといろんな話をしてしまうのですが、ある運転手さんは、「タクシー業界はいま、競争が激しくて大変です。客層も悪くなったし、せちがらい世の中になってつらいことばかりですよ」といいます。

かたや、ある運転手さんは「好きな運転をしながらお金をもらえて、こんなにおもしろい商売はないです。この仕事は天職だと思っています」という。彼はなんと、お客さんを喜ばせるために自腹で後部座席を乗り心地よく改造しているんだそう。個人タクシーならわかりますが、彼はタクシー会社の社員。しかも、三〇年以上やってきて、一度も変なお客を乗せたことがないそうです。

この違い……。幸運を呼びこむためのヒントが見えてきませんか？

じつは僕自身、いままで数多くの人との出会いがありましたが、出会う人、出会う人が本当にすばらしい人ばかり。書道教室においても、無作為に集まってきた三〇〇人の生徒さんたちもすばらしい人たちばかりだし、これだけ多くの本を出して、メディアにも数多く出ていたら何か問題が起きそうなものだけど、そういうこともありませんでした。

けっこう意外だったのが芸能界です。芸能界にはとかく黒いうわさが満ちていて、ドロドロとしたものが渦巻いているといわれますが、僕はそういうところを見たことが一度もありません。少なくとも、僕が出会った芸能人や業界の人たちは、みなさんすばらしい方ばかりでした。

これらは僕が無理やり思い込んでいるのではなくて、そういうラッキー体質になっているのでトラブルを引き寄せないのでしょう。**プラスのとらえ方がプラスの出来事につながって、それが連鎖していくのは間違いない**と思います。

「ラッキーメガネ」をかけてみよう

先に、不運体質の人は自分の不運にばかり目が向きやすいと書きました。
それとは逆に、ラッキー体質の人は自分のラッキーなことに意識が向いています。
改めて双方を比較してみましょう。

「夏は暑くてうんざり。動くのもおっくう」**（不運体質）**→「夏は海もあるし、汗もかいて簡単にデトックスできる。ラッキー！」**（ラッキー体質）**
「冬は寒くてイヤ。外に出たくなくなる」**（不運体質）**→「冬はおでんや鍋物がおいしい季節。ラッキー！」**（ラッキー体質）**

あげたらきりがありませんが、ネガティブになるかポジティブになるかは、とらえ方次第。ポジティブにとらえると、自分の周りに起きることがすべてラッキーなことだらけに思えてきます。

僕はそれを、**「ラッキーメガネ」をかけた状態**といっています。

昔から「色眼鏡で見る」という言葉は、先入観や偏見という色がついたメガネで物事を見ると、間違ったとらえ方をしてしまうという意味で使われてきました。

逆に、そのメガネの色をラッキー色にしてみると、なんでもラッキーな見え方に変わるでしょう。ラッキー体質になるための第一歩は、ラッキーを求めるのではなく、まず身近なラッキーに気づくことなんです。

そのためにできる簡単な方法があります。それは、**自分がラッキーだと思ったことをひたすら書き出してみる**ことです。いわゆる「よかった探し」ですね。

「目がよくてラッキー！」「家族が元気でラッキー！」「この時代に生まれてラッキー！」など、身近なことをあらためてラッキー視線で見直してみると、いろいろなラッキーに気づくはずです。

考えるだけではなく、あえて書き出すのは自分のラッキーを「見える化」して数えていくため。ラッキーなことは、意識して見ようとしなければ見逃してしまってキャッチしにくいのです。

ただし、無理に「これはラッキーなんだ！」と思い込もうとするんじゃなくて、「そういえば……」という感じで思い起こしてみることがポイント。

「そういえば、あの人と巡り合えたのはラッキーだった」「そういえば、近くにコンビニができて便利になった」というように、です。

なんでもネガティブにとらえる傾向にある人は、最初のうちは慣れなくて無理やり感があるとは思いますが、ヨチヨチ歩きから始める感覚でＯＫ。あせらずに時間をかけて習慣化していってください。別に「ラッキー師範」を目指すわけじゃありませんからね（笑）。

手始めとして、まずは夜寝る前に一日一個でも「今日のラッキー」を振り返ってみましょう。「お買い得な買い物ができた」「道端できれいな花を見つけた」とかね。

「今日もご飯がおいしく食べられた」など、毎日同じことでもいいんですよ。


おっと、ここでこんな声も聞こえてきそうです。

「じゃあ、この本でいうラッキーって、いまの自分のラッキーを再認識するだけのことなのね？」と。

いえいえ、**いまの自分のラッキーに目を向けることを「習慣」にしていくと、〝ラッキー磁石〟ができてくるんです。**そしてこの磁石が強くなって、小さな奇跡のようなラッキーが引き寄せられてくる。それがどんどんレベルアップしてくるんですよ。

ここはまだまだ第一段階。いまから少しずつステージを上げていきましょう。

今日のラッキー
よし!! 今日のラッキーを書き出すぞ!!
朝ごはんのデザートおいしかった ランチも大当り!! 夕飯も上手にできた!!
ふむ
あと、あと!!
デザートがおいしいお店を教えてもらった!!
フフフ…
カアア…
あれ…なんか…
食べものばかりだな自分
まぁ、いいか!!

★★★★★★★★★★★★★★★★★★★★★★★★★★★

ラッキーメモを作りましょう

いまの自分を振り返って、ラッキーだなと思うこと

☆

☆

☆

☆

☆

最初は少ししか思い当たらなくても、習慣になればここに書き切れないほどになるでしょう。

一日の終わりに、今日、ラッキーだったと思うこと

①

②

③

最初は一つだけでもＯＫ。せっかくなので、ラッキーを反芻しましょう。寝つきもよくなるはず？

感動を習慣にして、ワクワクする毎日に

ラッキーなことに目を向け始めると、日常に感動することも増えてきます。なんの気なしにフラ〜っと入った店で、ずっと前から探していたモノを見つけたり、久々に会いたいなあと思っていた人と街で偶然出会ったりしたとき、「わあ、今日のラッキーが来ちゃった〜」と、うれしい気持ちが高まって大きな感動になるんです。

またまたサーフィンの先生の話になりますが、先生は何十年もサーフィンをやっているのに、海に入ったとたん「わ〜、海の香りがいいな〜」「江の島って美しいですよね」「波がやさしい〜」と感動しまくります（笑）。それはもう幸せオーラいっぱいって感じです。

僕も毎日「書道って、すごい」と感動していますが、毎日ちょっとした感動を味わって暮らしていると、人生がどんどん幸せな方向に向かっていくのを感じます。

「すごい、すごい」と感動しているヤツを、誰も攻撃のしようがないし、**じつは「感動して生きる」というやり方が、意外と強い「生存戦略」なのかもしれない**と気づきました。これまでなんの戦略もなしに生きてきた人間がいうのもなんですけど（笑）。

「感動する生き方」は、僕の原点です。

僕の親父は、「夕陽がすごい」「こんなおいしいもの食べたことない」「母ちゃんは世界一の料理人だ」と、感動を少し大げさに伝える人でした（笑）。そういう家庭環境の中で僕は「感動する」という習慣を少しずつ自然と身につけていったのだと思います。

僕が会社をやめて、自分の夢を思い描いたときも、「人類に感動を与える」という言葉がすぐに出てきました。それをホームページに書いて宣伝したりした。でも感動っ

感動名人

て、わーっと盛り上がって、瞬間的に終わっちゃうイメージがあるでしょう。

よくよく考えてみたら、**大事なのは「感動を習慣にする」こと**なんだと思い至ったんです。そうしたら、自分の生き方も変わってきました。

日常の出来事に、いちいち「なんてすばらしいんだろう」と感動し、自分にもたらされた恵みに気づく。自分でもかなり意識して感動し始めたら、**ラッキー体質がどんどん進化**していきました。

「習慣」とは毎日、継続的に行うことですよね。朝起きたら歯を磨く、決まった時間に散歩するというような行動も習慣ですが、**見えない感情や思考も習慣になります。**ここ、大事なところ（笑）。

人はいつも何かを感じたり考えたりしていますが、「いま私はこういう思考をしている」と意識することはほとんどありません。例えば、朝は「眠いな。もう少し寝ていたいな」とか「また今日も仕事だな」とか、なーんとなく思っている。

しかし、そういう思考もすべて習慣になっていきます。朝は眠いもの、通勤はつらいもの、仕事はやらされるもの、というように……。

僕は一日の始まりを気分よく迎えるために、「なんとすばらしい朝だろう」といえるようなライフスタイルを築いてきました。だから「ああ、鳥の鳴き声がいいなあ」「朝日が気持ちいいなあ」「さわやかな朝だなあ」と、朝からていねいに味わっていく。

それが次第に、日常の習慣になってくるから不思議です。

「レストランで水がタダで出てくる」「自動ドアのクオリティの高さ」「電子レンジの技術のすばらしさ」などと、普段の生活の中でも、あらゆることに感動できて、感謝できるようになる。

仕事だって、何も考えずに「こなす」のではなく、自分が楽しめるように工夫してワクワクしてやるとやりがいが生まれてきます。ぜひ感動することを習慣にしてみてください。

なんとなく思うのではなく、意識してちょっと大げさなくらいに感動することがラッキー体質へ移行するポイント。これであなたのラッキースイッチが入ること、間違いなしです。

★★★★★★★★★★★★★★★★★★★★★★★★★★★

いい朝を迎えるコツ

ポイントは、朝から時間に追われて「やらねばモード」に入らないこと。できれば自然に早起きできる環境を夜のうちに整えるといいでしょう。

☆　早めに就寝するため、夕食の時間を早くする

☆　睡眠の質をよくするため、飲酒は適量に

☆　できればテレビやネットは寝る前2時間は避ける

☆　布団の中で深呼吸やゆったりストレッチを行う

☆　眠る前に、今日ラッキーだったことを数えてみる

朝、目覚めてからは、家族への挨拶、顔を洗う、歯磨き、朝食などの習慣の一つ一つをできるだけ丁寧にしてみてください。行動を工夫したり、味わうことで、生活そのものの質が高くなり、余裕が生まれます。すると感謝や感動も生まれやすくなるのです。

「感謝メガネ」で、さらにラッキー運がアップ

ラッキーな出来事に気づき、日常のあらゆることに感動していると、世の中のあらゆるラッキーが引き寄せられて来ます。そうすると、感謝の気持ちが強くなって、何に対しても「ありがたいなあ」と思えてきます。

それが僕のいう**「感謝メガネ」をかけた状態**です。いつもラッキーな人は感謝メガネをかけることが習慣になっているので、**感動と感謝のレベルがどんどん高くなる。**

おいし〜い！　楽し〜い！　幸せ〜！　空がきれーい！　家族がいてありがたい！　生きていてありがたい！　際限がありません。

人はいつもなんらかのメガネをかけている状態で、無意識のうちにときどきかけ替えたりしています。僕の場合は「感謝メガネ」が顔にくっついちゃってて、取れない

状態なんですけれど（笑）。

なんでも「ありがたいな」と思って見ているときは「感謝メガネ」、不運ばかりが目につく「不運メガネ」、ネガティブになっているときの「不満メガネ」や「不安メガネ」、こだわりがやたら強い人は「ジャッジメガネ」なんかもかけていたりします。

一つの物事にもそれぞれのとらえ方があって、自分色のメガネで見ているということですね。

例えば、一緒にレストランで同じものを食べていても、みんな違うことを考えているものです。Aさんは「これ、スパイスが効いていてメチャうまい」、Bさんは「自分で作らずに上げ膳据え膳ってサイコー」、Cさんは「この野菜、無農薬かな。安全かな」、Dさんは「カロリー高そう。塩分も多いな」、Eさんは「料理の出てくるのが遅い。店員の態度が感じ悪い」とかね。

でも、ちょっと意識して「感謝メガネ」をかけるようにしていくと、おもしろいように物事が好転し始めるんです。

僕の生活スタイルは、昔もいまも基本的に変わっていません。あらゆるものに感動して感謝する日々です。

この間はカプセルホテルに泊まって感動し、感謝の手紙まで書いてしまいました。僕はホテルに泊まるとよく、感動と感謝の気持ちを手紙に書いて置いてくるようにしているんです。安いビジネスホテルもよく利用しますが、夜景の見える大浴場があり、またしても大感激。そこでもちろん一筆啓上です(笑)。

そうやって、いちいち感謝していたら、どうも「ホテル運」がよくなってきたようです。その一例ですが、あるとき、一泊一万円の普通のツインルームを予約していたら、ホテルの手違いでダブルブッキングしてしまったとのこと。それで通されたのが、なんと一泊三〇万円もするデラックススイートルーム! とんでもなく広く豪華な部屋で、大興奮状態です。しかも料金は予約時と同じで、一人一万円で泊まれたのです。

メガネいろいろ
さっきの店員ムカツク!!
ブタの丸焼き!? 信じられない!! カワイソウ!!
命をいただくってステキ!! みんなで食べるってステキ!!
味付けはいいけど見た目が!!
・・・・

そんなラッキーがけっこうあります。

ただ、勘違いしてほしくないのは、「感謝すれば何かがもたらされる」と思って意図的にやること。これは絶対NGです。大切なのは、心から感動して感謝する気持ち。見返りを求めるような感謝は、天の神様もお見通しですからね。**感謝の気持ちを「取引」に使うようなことはやめましょう。**

エゴのない感謝の気持ちをもっていると、運がよくなるのはたしか。「うーん、でもなあ。邪心が邪魔しそう～」という人は、念仏のように(笑)、とにかく「ありがとう」を連呼してみてはいかがでしょう。もちろん、実際に口にするのもいいし、心のなかで唱えるのでもいいと思います。

コツは、気楽に遊ぶような感じで感謝してみることです。

幸せのおすそわけ精神がもたらすもの

僕は「おすそわけ」という言葉が大好きです。「与える」「あげる」というニュアンスともちょっと違って、押しつけっぽくもなく、日本人らしい奥ゆかしい言葉だと思います。

「幸せのおすそわけ」だなんて聞くと、たまらんなーと（笑）。

ラッキー過ぎて感謝の気持ちが強くなると、自分が手にしたものをおすそわけしたくなります。

とくに、意図して自分から動いたわけじゃないのに、向こうからラッキーが「来ちゃった」感のあるときって、ガツガツしなくなるんです。なんとなくゆとりが生まれるせいでしょうね。

だから「いっぱいあるから、もしよかったらもらってくれる?」というような感じで、出し惜しみすることなく、太っ腹にもなるわけです。

「これは自分の力でつかんだんだ! もうぜったい離さんぞ」という人の思考パターンとは、まったく逆ですね。

で、おすそわけをしていると、またいい循環が生まれて、その先に大きなラッキーが来たりします。

僕はよく「双雲さんとお話していると、元気になります」といっていただくのですが、それは僕が〝ラッキーホルモン〟を惜しげもなく放出しているからかもしれません(笑)。

自分が楽しいと感じたこと、得意なこと、みんなに伝えたいなと思ったことを話したり発信したりしていたら、それが本になって、しかもベストセラーやロングセラーになったりして、みんなに喜ばれて、そこからまた違うお仕事が来てと、次々にラッキーが循環していきました。

僕は、本を作ってくれてありがとう、買ってくれてありがとう、読んでくれてありがとうと、感謝して、その幸せな気持ちをみんなにおすそわけしてきた、ただそれだけなんですけどね。

これがもしも、「ラッキーの波を、やっと自分でつかんだんだ！」という意識があったら、もっと売れる本を出さなきゃという欲が出て、そのプレッシャーからどんどん詰まり、先細りにもなっていたはずです。

よく「願えば叶う」といいますが、自分だけの成功を願っている場合は、そこでエネルギーが閉じてしまいます。要するに、一、二回はうまくいくことがあっても、次につながっていかない。でも、**自分の感謝とみんなの感謝がつながっていけば、全体エネルギーとなって大きな推進エネルギーになる**んです。

「小欲」と「大欲」

という言葉があります。例えば「お金持ちになりたい」という欲望があったとしましょう。

小欲は、自分がお金持ちになりたいと思っている一人称。お金持ちになって、この人にこうしてあげたいというのは二人称。家族や友人らのためにお金持ちになりたいなら三人称です。さらに、お金持ちになって社会を豊かにしたい、みんなのために役立てたいと思うのは大欲の最たるもの。目指しているところが違うだけで、エネルギーの広がり方が変わってきます。

だから欲望をもつこと自体はぜんぜん悪いことではありません。

ただ、「自分のため」だけで閉じずに、どんどん広げていくとさらにいい流れになります。

おすそわけ精神を大切に。

おすそわけ
これ、もしよかったらもらってー
おすそわけ
わー!! ありがとう!!
おかし
帰り道にてー
あっ 自分の分まであげちゃった!!
ウケる!! まぁ～いいか!
笑
アハハハハー

秘伝！　「先出しラッキー」、「先出し感謝」の極意

僕たちはどうしても、何かいいことがあって、その結果「ラッキー！」と思いがちです。しかし**幸運を引き寄せるためのとっておきの極意とは、先にラッキーになっちゃうことなんです。**え、意味がわかんないって？

つまり、順番を逆にして、ラッキーなことが起こる前に、「私はなんてラッキーなんだ」と思うこと。そう、これが先なんです。これこそ、双雲流の「ラッキー習慣」の極意。

先に、まず自分のラッキーに気づくことが大切だといいましたよね。それで、自分がラッキーだと思うことを書き出して、いまのラッキーを再認識しました。そしてとにかく、「私はラッキー」「私は運がいい」と口に出してみようともいいました。

これこそが「先出しラッキー」です。

ラッキーな人の共通点は、口ぐせのように「私っていつもラッキーなの」「俺ってすっごく運がいいんだ」といっていて、本当に心からそう思っていることです。

そして自分は運がいいと思っている人は、ますます運がよくなる。ラッキーメガネをかけて、ラッキーなことに視点を合わせると、自分自身がラッキーを引き寄せるラッキー磁石になっちゃうんです。幸せだといったら、結果があとについてきて、本当に幸せになる。ちょっと目からウロコのような話だけど、これ、ホントのホントです。

感謝メガネも同じです。

感謝を先にしちゃうと、状況が魔法のように変わります。

試しに、誰かに「いつもありがとうね～。私、心から感謝しているんだ」といってみてください。あまり仲のよくない相手でも「あのときはありがとうね」といったら、誰だって「いやいや、こちらこそ～」となるじゃないですか。少なくとも悪い気はしないものです。

僕は**「世界感謝デー」**というお祭りのようなイベントをやり始めて五年になります。六月九日を世界中の人が一斉に感謝する日にしようという企画です。

それを思いついたきっかけは、うちの子どもたちのケンカでした。子どもたちがケンカをし始めたので、「じゃあ、一回『ありがとう』といい合ってからケンカしようか」といったら、ケンカにならなかったんです。これには鳥肌がたつ思いでした。

世界中の人が同時に「ありがとう」と感謝したら、いったいどうなるんだろう、何が起こるんだろうと思ったのです。世界でにらみ合っている国同士も、政治的な駆け引きはひとまず置いておいて「ありがとう」と感謝し合ったら、未来が変わるんじゃないかって。

それとね、興味深いことに、「ありがとう」と伝えるほうは、「ありがとう」という理由を探し始めるんですよ。「何がありがたかったかな？　ああ、そういえば、あれはありがたかったな」と。そうすると、いままで気にしていなかった感謝の気持ちがわき上がってくるんです。

理由は「後付け」でＯＫ。ラッキーな出来事を書き出してラッキーだと気づくように、まず「ありがとう」ということで感謝力がアップします。

だから朝起きたら、真っ先に「幸せだな～」「ありがたいな～」と口に出していってみてください。そして日に何度も「僕は運がいい」「私はラッキーだ」と口にする。

これが習慣になればしめたものです。さらさらと幸運が舞い込んでくるでしょう。

★★★★★★★★★★★★ 2章のまとめ ★★★★★★★★★★★★

「ラッキー習慣」の身につけ方

☆ 「○○だからこそ△△できる」でネガポジ変換

☆ 一日一度は「自分は運がいい」と口に出してみる

☆ 自分の感情は外部の出来事と切り離したうえで、自分で決める

☆ 敵やライバルをつくらなければ「無敵」状態になる

☆ 人間関係は親しい間柄こそ、距離感を大事にする

☆ 人の評価に縛られず、自分の基準をもつ

☆ 同じ出来事・物事にもラッキー、アンラッキーの側面がある

☆ 仕事を楽しめると人生はラッキーだらけになる

☆ ラッキーなことを書き出すようにする

☆ 夜、一日一つでも、「今日のラッキー」を振り返る

☆ 少し大げさなくらいに身の回りのことに感動する

☆ 朝を気分よく迎え、過ごす工夫をする

☆ 感動したら感謝する（見返りは期待しない）

☆ 先に「自分はラッキーだ」「自分は幸せだ」と決めつける

☆ 先に「ありがとう」と相手に感謝の気持ちを伝える

第3章

知れば納得！ラッキーを引き寄せる仕組み

「ラッキー習慣」を科学的に説明すると……

ここまで読んできて、「武田双雲って、精神世界とかスピリチュアル系？」などと感じた方もおられるかもしれません。

「ラッキー！　幸せ～！　ありがとう～！」と口に出していたら幸運がやって来るだなんて、科学的根拠のなさそうな話や、ちょっと聞いただけではにわかに信じがたい話もあるし、「なんだか胡散臭いな～」と思われても仕方ありませんね。

でもご安心を。僕はけっしてアブナイ人間ではありませんし、霊感グッズを売りつけたりすることもございません（笑）。

僕はいま、書道家をやっていますが、もともとは東京理科大学卒業の理系人間です。

ただし、どんなことにも興味があり、スピリチュアルの世界であれ、仏教思想であれ、はたまた宇宙やUFOのハナシも、あらゆることに関心をもって柔軟に吸収してきました。理系人間らしからぬというか、食わず嫌いってものがないんですよ。

そして科学的根拠がなさそうなスピリチュアルの世界や精神論も、科学で解きほぐしていくのが大好きなんです。

では、ちょっと読み解いてみましょうか。

よく世間でいわれる「思考は現実化する」という考え方は、アインシュタインのある有名な式からも解き明かせるんです。

理系の方のみならず、たぶん多くの人が聞いたことのあるアインシュタインの「$E=mc^2$」という式。これは「エネルギーと物質は交換可能」ということを示した式です。「E」はエネルギーで、「mc^2」は物質（質量×光の速度）。原子爆弾の理論的根拠にもなりました。

つまり、すべての物質は「形のないエネルギーが物質になったもの」といっているんです。いい方を変えると、エネルギーは思考やビジョン、物質は三次元世界の現実を表わしている。つまり、考えやイメージに情熱などを加えてどんどん燃やしていくと、現実化するということだと僕は解釈しています。

「念ずれば花開く」という言葉も、あながちウソではないということになりますね。

目に見えない世界は、時間や空間を超えた量子力学の分野。**いま思っていることやビジョンが積み重なって、未来を作っている状態といえるんです。**「私は幸運だ」と思っていたら、ラッキーな未来を作ることにもなる。反対に「私は不運だ」と思っていたら、当然……ラッキーな未来は訪れないということですよね。

前述のように、僕はこれまで、何百人もの方々と対談させていただいてきました。各界のオーソリティー、つまり科学者、哲学者、宗教家など、専門分野の話に耳を傾けることもしばしば。

最近では、ＮＨＫのテレビ番組「コズミックフロント」の収録で、とある天文学者の先生らと宇宙の話で大盛り上がり。その日に限って人生何度目かのＵＦＯなんかも見ちゃって、人智の及ばない世界はまだまだあるなあと、つくづく思ったのでした。

「引き寄せの法則」の上手な使い方

よくいう「引き寄せの法則」も「思考は現実化する」と同じで、「自分の強くイメージするものが現実として引き寄せられる」とされていますが、自分のほうが思っている方向に向かって行くといったほうがいいかもしれません。

思いや関心はエネルギーなので、思い（エネルギー）が強くなると現実化しやすい。

つまり、**いまの現実はすべて、自分の思考が生み出している**ことになります。

オリンピックに出場するような選手は、小さい頃からオリンピックに出る自分をイメージしていた人が多いんです。反対に「俺はダメ人間だ〜」と思い続けていると、ますます本当にダメ人間になっていくということ。ちょっと怖いですね（笑）。

美しい女優さんが、きれいな肌の秘訣を聞かれて「とくにこれといって、何もしていないんですよ〜」と答えると、「またまた〜。陰でいろいろやっているんでしょう」と思う方も多いはずです。

でも僕はあれ、本当じゃないかなと思います。もちろん生まれつき肌がきれいというこどもあるにせよ、もともと自分の肌を信じている度合いが強いから、肌もますますきれいになっていく。多くの人に見られる立場にあって、みんなに「きれいですね」といわれりゃ、その自信も増すというものです。

一方、この法則でいうと、**強く願ったり求めたりするほど、逆のことが起きてしまいます。**例えば「やせたい」と思えば思うほど、やせられない。

それは「いま、私は太っている」といっているのと同じで、その思考が逆に、太っているという現実を引き寄せてしまうんです。

同じように、「いい運が来ますように」「ラッキーな波が来ますように」と強く願うのは逆効果。「いつか（未来に）ラッキーになりたい」は、すなわち「いまは（現在は）

ラッキーじゃない」といっているのと同じなので、それが現実化しちゃうんですよね。

だから、ラッキーを願うのではなく、「私は（いま）ラッキー」といい続けるのが正解。いままで述べてきた「ラッキー習慣」とも、ここでつながりましたね。

肌がきれいになりたいと思っている人は、「なりたい」じゃなく、鏡を見ながら毎日「今日もお肌の調子はバッチリ！」と口に出すのを習慣にしましょう。

すると不思議なもので、肌の調子を悪くする不摂生や睡眠不足などの行動を取りにくくなります。それこそ、バッチリになるように無意識に行動するようになる。**思考の習慣が行動の習慣につながるのです。**

このからくりを知っておくと、自分の意識や関心事の焦点をどこに合わせていくべきか、わかってきます。

少し話が大きくなりますが、「平和になりますように」と強く願っている自分はいま、「戦争はイヤ」と強く思っているので、かえって戦争を引き寄せているのではないか、

白馬の王子様

いつかきっと!!
現われるし!!
王子様!!
ビリーブ!!
サラサラー
イケメンー
やさしいー
かねもちー
プリンス
カモーン!!
あ…
あのう…
僕じゃ…
だめ？
ですか…
眼中になし

平和じゃない状況を現実化させつつあるのではないか、と顧みることもできるわけです。

だったら今の平和な現状をしっかりと認識して、それが確かなものと信じたほうがいいなどと、意識の向け方が変わってきますよね。

じつは僕が考えた「世界感謝デー」も、この「思考の現実化」を意識したもの。

最終的に目指しているのは、みんなが幸せに暮らせる平和な世界なのですが、「平和」というと頭のどこかに「戦争」という言葉がよぎってしまうでしょう。「愛」というと、対極的に「憎しみ」の感情とかも見え隠れする。

でも「ありがとう」という言葉には、対義語がない（「当たり前」という説もありますが、「戦争」や「憎しみ」に比べれば悪い言葉ではありません）。そして、いったほうもいわれたほうも、双方が幸せな気持ちになるのがいい。それがどんな現実を作るのか、実験してみたいと思ったんです。

天の「気」をも引き寄せる「波動」

ラッキー体質になって何がおもしろいかというと、自分の思考をはるかに上回る、想像を超えた現実がやって来ることです。

僕の最近の経験から一つご紹介すると……。

アメリカでの個展で「雨を降らせちゃった」おハナシは先に書きましたが、そのあと、僕と「雲」との不思議なご縁はまだまだ続いたのでした。

たまたまその町を訪れて個展の会場に寄ってくださった方が、あろうことか、NASAで「雲」の研究をしていた方だったのです。

地元の人も「偶然とはいえ、こんな田舎町にNASAの研究者が来るなんて」と驚いていました。しかも彼の娘さんの名前がハワイ語で「恵みの雨」という意味だというので、またまたびっくり。まさに、恵みの雨を降らせちゃった僕たちでしたからね。

さらにさらに、その日の夜、招かれたお宅のシェフの名前が「クラウドマン」だと聞いたときは、そこにいた全員が絶句状態になりました。

これはもう、ギャグの域を通り越している。もしも天の神様がこの出会いを仕組んだとしたら「ちょっとやり過ぎでしょ」と思ったほどです。


「偶然なのか、自分が引き寄せているのか」と思うことの一つに、「天気」があります。**ラッキー体質の人は、天気さえも変えられる**と僕は見ています。

庭に水まきしようと思ったら雨が降ってきたり、どういうわけか「ここに行くときは決まって晴れる」とか、これもラッキーの本質に近いハナシです。


みなさんのまわりにも、「晴れ男」とか「雨女」っていう人がいるでしょう。

天気というのは確率で、雨の日もあれば晴れの日もあるんですが、なぜ「晴れ男」や「雨女」なるものが存在しうるのか、考えてみたら不思議ですよね。

双雲流の分析をいたしますと、「晴れ男」「晴れ女」という人の場合は、たまたま晴れだった日のことを覚えていて数えている。先に書いた、脳の「RAS効果」もあって、たとえ雨の日があったとしても、脳がスルーしていると考えられます。「雨男」「雨女」はその逆パターンです。これが理由の一つ。

そして、もっと大きな理由がこちら。

「俺って晴れ男なんだ〜」「私って雨女なのよ〜」といつも口に出していると、本当に「晴れ体質」や「雨体質」になっちゃうんです。「私ってラッキー」といっているうちに、自然と「ラッキー体質」になるのと同じパターンですね。

これはエネルギーの「波動」が関係しています。

波動とは、波型に振動しているエネルギーが周囲に伝わっていく現象で、量子力学では物質も波動的な性質をもつとされています。

「天気」とは書いて字のごとく、天の「気（エネルギー）」のことで、常に振動しています。

そして「晴れ」という言葉を常に口に出すことにより、晴れの波動と天の気の波動がちょうど重なったときに晴れたりします。

ちなみに、「晴れ男」は「晴れてほしい」と願うのではなく、「俺は晴れ男だから、絶対晴れる」と自信をもっているので晴れの天気を引き寄せやすい。

自分の意識や発した言葉の波動は伝わるものなので、天の「気」につながるだけでなく、不特定多数の人に伝わっていきます。「類は友を呼ぶ」といわれているように、同じ波長をもつ人を引き寄せやすくなるのはそのため。

「雨体質」の場合は、これとまったく逆のことが起こっているわけです。

みんな、つながっているんですね。楽しいことばかりに目を向けていたら、楽しい人に巡り合い、楽しいことがどんどん引き寄せられてくる。自分とはまったく縁のないところにあったものも、吸い寄せられるように近づいてきます。

こうして考えると、すべての理屈が合致してきませんか。

言霊と体の分子がもたらす力

天の「気」や地球上のシステムとミクロの自分がつながっていると考えたら、自分の意識や言葉をおろそかにできないなあと考えた方も多いのではないでしょうか？

実際、言葉の力ってすごいんですよ。

「言霊の力」ともいうでしょう。


僕の教室の生徒さんたちで、雨が降ると、気圧の関係で体調が悪くなるという人が何人かいました。そのときは僕も若かったので、深い考えもないまま「それは思い込みなんじゃないですか～？　じゃあ、次までに『雨』と『ポジティブな言葉』をつなげて書いてきてください」と思いつきでいったんです。

そして、後日――。

「雨、大好き」「雨が降ると気持ちがいい」「雨の日は体が楽になる」といった言葉を書いてきた生徒さんたちがみんな、「雨の日でも体調が悪くならなかった」というんです。

違う例ですが、やはりうちの生徒さんで、波乱万丈といえる人生を送ってきた方がいます。彼女は次から次にいろいろなことが起きても、元気に乗り越えていくので、そのワケを聞いてみました。すると「私、原因はわかっているんです」といいます。聞けば、小さい頃に絵本か何かで読んだ「われに艱難辛苦《かんなんしんく》を与えたまえ」という言葉に惹かれ、ヒロイン気分でずっと星に願っていたとのこと。自分でオーダーしていたものだったんですね。

はたまた、ある女性はすごく明るくてポジティブな方なんですが、ものすごいトラブルが後を絶ちません。しかし、その苦労話をしながらも「困難や逆境が私を成長させるんです」と胸を張ります。

言霊

この国を必ずや!!
ラッキーにさせてみせますっ
日本を救う
アンラッキー党
自分だけラッキーだったらいいけどね本当は

その強気な思い込みが、困難を引き寄せていたのです。

言葉はコミュニケーション・ツールの一つですが、対談したときに、ある科学者からおもしろい話を聞きました。どうやら、私たちの体の細胞同士もお互いにコミュニケーションをとっているようで、体内物質であるホルモンはコミュニケーション・ツールの働きもしているそうです。

また、ホルモン研究の権威の方に、電子顕微鏡で見たホルモンの画像を見せていただいたことがあります。ホルモンが可視化できるようになるなんてすごい時代です。

それにしても、興奮したときに分泌される「アドレナリン」の画像は衝撃的でした。それ自体が、まさに興奮しまくっているという感じなんです（笑）。ぜひ、ネットで検索してみてください。

さらに、一説には、僕らはフェロモンのようにホルモンを交換し合っている可能性があるとのこと。それは分子レベルのシステムでしょう。

元気な人と一緒にいると元気になるし、ネガティブな人ばかりの中にいると自分にそれがうつるといいます。言葉や空気感だけじゃなく、双方の体から発せられるホルモンが連動して、もともとあるシステムを起動させ、お互いの数値を高めたり低くしたりしているとすれば、すごいことですね。

科学では説明できないとされていたことも、今後は徐々に解明されていくのではないかな、と思います。

★★★★★★★★★★★★★★★★★★★★★★★★★★★

幸運を呼び寄せる言葉の習慣――言霊の力

普段口にする言葉は、非常に重要。日本には「言霊」という表現もあるように、言葉は大きな力をもっています。
言葉には大きく二種類の言葉に分けられます。

ポジティブ言葉……感動、感謝、人をほめる……etc.
ネガティブ言葉……愚痴、不満、人を傷つける……etc.

当然、ポジティブ言葉を多く使うほど、幸運は引き寄せられます。

「ラッキー」を呼び寄せる言葉の例

・ありがとう
・おもしろい
・楽しい
・すごい
・ツイてる
・うれしい
・おかげさま
・おもしろい
・運がいい
・できる
・最高
Etc.

「アンラッキー」を呼び寄せる言葉の例

・忙しい
・つまらない
・つらい
・難しい
・ツイていない
・ムリ
・ダメ
・イヤだ
・運が悪い
・できない
・最低
Etc.

★★★★★★★★★★★ 3章のまとめ ★★★★★★★★★★★

「ラッキーになる仕組み」を知る

☆ 「エネルギーと物質は交換可能」、つまり思考（願い）は現実化する

☆ いまの現実は、実は自分の思考が生み出している

☆ いま思っていることが未来を作る。だから「いま」を大切にする

☆ 「ありがとう」は力みがなく、すばらしい言葉

☆ 楽しいことに目を向けたら、楽しい人、楽しいことが引き寄せられる

☆ 言葉は「言霊」の力をもち、波動によって現実を引き寄せる

☆ 強すぎる願いは、現状を否定してしまい、否定の現実のほうを現実化してしまう

第4章

ラッキーな人の、お金の習慣

お金がまわる仕組みを知る

前章では、ラッキー体質を科学の目で見てきましたが、今度は経済がまわるシステムと関連するお金のハナシをしていきましょう。

みなさんも、お金の問題は大きな関心事ですよね。お金がたくさん入ってくればラッキーと思えるし、お金がなくなるとアンラッキーな気分になってしまうもの。

本来、お金ってすごく便利ですばらしいものだと思います。ほしいものに交換してくれて、現代社会では基本的な生活を営む上での必須アイテムですから。

でも「お金っていいわよねー」「お金は私たちを幸せにしてくれるわよねー」という話にはまずならない（笑）。

お金の話になると、どうしてもネガティブ色が強くなります。

日本人はよく「人前でお金の話をするのは、はしたない」「お金は不浄のもの」「清貧」とかいいます。お金を否定したり、汚れたものとする観念は、お金より精神性を重んじてきた歴史的背景もあるのでしょう。

たしかに、「お金は魔物」といわれるように、お金にまつわるトラブルは多い。人間は、お金がからんで人殺しまでしてしまうこともあります。


ではなぜ、お金が人の感情を大きく左右するかというと、お金を失うことや、お金が入ってこない状態になることへの不安が大きいからなのです。

小さい頃からの刷りこみもあります。親たちがお金の話をしていると、たいていはネガティブな話ばかりだったのでは？　「大変」「節約」「やりくり」「厳しい」などという言葉が飛び交っていて、**「お金＝なくなったら大変＝不安、恐怖」のイメージが**できてしまっているのかもしれません。

がんばって仕事をしてお金を稼ぐのも、貯金に励むのも、その不安や恐怖を払しょくするためにやっていることが多く、動機がそうだと、仕事も楽しめないし、お金に対して力を抜くことができない。住宅ローンや教育費のために、苦役さながら自分の体にムチ打って働いている人も多いのかもしれません。

ただ、不安や恐怖からがんばっているときって、エネルギーの観点から見るとラッキーの波動じゃないんです。天の「気」と人の気持ちは連動しているので、マイナスの波動を呼びこみやすくなります。

「でも、そうはいってもなあ。先立つものがないと不安になるよ」というあなた。

お金に対する力を抜いて、お金を引き寄せる体質にシフトしていきませんか。

まずは、お金がまわるシステムを知っておきましょう。

資本主義の社会では、お金は増殖していくものという仕組みをご存知でしょうか。

例えば一万円の土地を買ったとしたら、一万円のお金を払って一万円の価値の資産が手に入ります。世の中全体で見たら、二万円分のお金（価値）が生まれたことになりますね。ちょっと手品みたいでおもしろいでしょう？

お金は、エネルギーと同じです。潤滑油の役割をしながら、世の中にまわしていくと増え続けていきます。

しかし、世の中に増え続けるはずのものを奪い合えば、増えずに減る仕組みになっています。逆に、シェアして分かち合えば、増えていくということです。

お金はフロー（流通）していくものだから、その流れは止められません。でも自分のところで流れをせき止めてしまうと、どうなるか。そうです、新たに入ってこなくなります。空気や血流、ラッキーの流れと同様の理屈ですね。

だからといって、むやみやたらに散財したらどんどん入ってくるかといえば、当然そんなことはありません（笑）。重要なのは、お金を使うときのマインド。そこに「おすそわけ精神」があるかどうかで、お金のエネルギーの向きも変わってくるんです。

お金とマインドは密接にリンクしている

そもそも「お金さえあれば幸せになれる」と考えている人は、「お金がなければ不幸」といっているようなものです。

だからがんばって獲得しようとしますが、「お金がなくなったらどうしよう」という不安のブレーキがかかるので、いつも安定しません。あー、危ないと感じては奮い立たせ、落ちそうだと不安になっては引っ張りあげ、アクセルとブレーキを交互に踏み続けているようなもの。常に前後に揺れているノッキング状態です。この状態がずっと続くと、けっこうしんどい。モチベーションというガソリンを入れても、すぐ切れちゃいますしね。

お金の話となると、どうしても上手に貯める方法や運用法、節約術などのノウハウに目を向けがちですが、じつはお金と心の状態は密接にリンクしています。

「お金がほしい」「お金は使っちゃいけない」と強く思っていると、逆に「使いたい、使いたい」という気持ちが吹き出してくる。ダイエット中に「食べちゃいけない」と思うと、「食べたい」欲求が増してくるのと同じです。

いくらがんばって節約してお金を貯めようと思っても、心の中に不安や寂しさ、ストレスがたまってくると、「パーっと使って、憂さ晴らしでもしようか～」という気分にもなっちゃうでしょう。

お金は心のスキマを埋めるときにも役立つものですが、使わなくてもいいお金を使ってしまう背景には、メンタル面が大きく影響しています。

例えば、いい親、いい祖父母と思われたいために、あるいは寂しさをまぎらわすために、人の心をつなぎとめておくために、イヤといえない性格のために、カッコイイ自分に見せたいために……というようなことで、余計なお金を使っていることってありませんか。

そんな自分を一歩離れてながめてみると、後悔したり……。

お金は、人の心を映し出す鏡です。なかなかお金が貯まらないという人は、まず自分を振り返ってみて、無理な生き方をしていないかどうか、それが無理なお金の使い方につながっていないか、そこから見つめ直したほうがいいかもしれません。

だからお金のことでいつも悩んでいる人は、**お金を貯める方法や節約術だけを一生懸命実践するより、心を豊かに保つ方法に目を向けたほうが効果的。**心が満たされている人って、浪費に走ることもないんです。

自分の生き方に自信をもち、自分に無理をしない生き方をしている人は、必ずしも「お金がすべて」という感覚にはなりません。また、〝活きる〟お金の使い方も知っています。「お金よりも、人が財産」という方の多くは、お金ができることの限界も知っ

お金と心の状態

SALE!!
……
節約…
節約…
お金さえあれば…
ほしい!! どうしても
お金ほしい!!
影の自分
結局
散財
ほしかったし…
うん…
でも
お金が
なくなった〜

ているような気がします。

お金がほしいという人の心の奥底には、数字がたくさんほしい、お金がなくなる不安やストレスをなくしたいという気持ちがあります。そして、お金がほしいと思えば思うほど、自分の中で「リッチ」と「貧乏」の価値の差が開いていき、さらに「貧乏」のほうにメンタルが傾いていく。

これが心のむなしさにつながっていきます。常に満たされない気持ちが充満しているためです。そして、「お金があれば幸せ」「お金がないから不幸」と思っていることで不運体質を招き、結果的にお金を遠ざけてしまうのだと思います。

「お金に好かれる人」になる方法とは？

では、お金の不運体質を改善するにはどうしたらいいか。
手っ取り早い方法は、お金に感謝することです。

「お金というものはありがたいなあ。お金のおかげでこんなおいしいものを食べられたり、サービスを受けられたり、ほしいものが手に入ったりする。お金は自分をすてきな気持ちにさせてくれるなあ」

イメージ的にはこんなふうにマインドを切り替えていくとよいでしょう。しつこく繰り返しますが、エネルギーとマインドはつながっていますから。

実際、お金を使って誰かを喜ばせたいと思っている人のほうが、お金はまわって来ます。お金のエネルギーが閉じていないため、新たなエネルギーも入って来やすいんです。

僕はそこに、何か天の意思みたいなものが働いているのかなと思うことがあります。お金の神様の視点で考えたら、自分のところに貯めこむばかりの人より、お金をまわしてみんなを笑顔にしている人のほうに与えたいんじゃないかな、って。エネルギーの流れをストップさせたくないでしょうしね。

知恵の実を誰かに授けようとしたときも、人間界を見渡して、この価値をわかって喜んでくれる人にあげたいとか、自分のエゴのためだけに使う人にはあげたくないとか、そんな意思があるような気がしてくるんです。

大事なのは、「得る方法」より「使い方」。

お金を人の喜びに変えて、わくわくした気持ちで使った場合は、お金のパワーを感じることができます。そして喜びのエネルギーの流れが連鎖していく。

反対に、「このお金、使いたくないなあ」と思いながら渋々出した場合は、ネガティブな波動も一緒に出しているということを忘れずに。

★★★★★★★★★★★★★★★★★★★

「運を鍛える四つの法則」を双雲流に解釈すると…

リチャード・ワイズマンというイギリスの心理学者が書いた世界的ベストセラー『運のいい人の法則』という本の中に、「運を鍛える四つの法則」があります。
これを、ここまでの復習の意味もこめて僕なりに解釈してみます。

法則1　チャンスを最大限に広げる……運のいい人は偶然のチャンスをつくりだし、チャンスの存在に気づき、チャンスに基づいて行動する
「なんでも面白がる好奇心」、「敵やライバルがいない無敵状態」、「心のブレー

キ」を外しいかに行動するか。やっぱりワクワクが、一番の行動のエネルギーになると思います。

★★★★★★★★★★★★★★★★★★★★★★★★★★★

法則2　虫の知らせを聞き逃さない……運のいい人は直感と本能を信じて正しい決断をする

自分をごまかしたり、人と比較したりせず、自分の肌で感じる感覚に従って物事を判断する。もちろん、客観的な情報も大切ですが、「感謝メガネ」や「感動メガネ」をかけていると、心が閉じていないので状況判断が正確になりやすいのです。

法則3　幸運を期待する……運のいい人は将来に対する期待が夢や目標の実現をうながす

これは僕がいう、「先に幸運になってしまう」という方法と共通しています。将来に不安を抱くのではなく、幸せ、ラッキーであることを確信する。「幸運

★★★★★★★★★★★★★★★★★★★★★★★★★★★

を期待する」というと少し力が入り過ぎなので、僕としては「感謝の先出し」がいいと思います。

法則4　不運を幸運に変える……運のいい人は不運を幸運に変えることができる

同じ物事でも、ポジティブな見方とネガティブな見方があります。当然、幸運な人はポジティブな見方をし、失敗や挫折があっても、そこから原因や改善点を学び、ピンチをチャンスに変えることができます。

共通するのは、感じ方（感動・感謝）、考え方（ポジティブ思考）、そして行動（いまを味わう）などが、しっかり身について習慣化されているということです。

参考・引用／『運のいい人の法則』（リチャード・ワイズマン＝著　矢羽野 薫＝訳　角川文庫）

リッチなお金持ちと、プアーなお金持ち

僕はいままで、いろいろなお金持ちの人と数多く会ってきました。

そこで興味深かったのは、お金に対する感覚の違い。第三者的に観察して、「へえ、そうなんだ」と感じたことが多々あります。

「お金」というものについて、あらためて考えていただくために、まず印象に残った人たちのお話をご紹介しますね。


年間売上一〇〇億円以上のＩＴ企業を一代で築いたＡさんは、ものすごい豪邸に住んでいます。

しかし、前年は黒字だった会社が、今季は二〇億円の赤字だと嘆いていました。「今年は本当にキビしくて、もう大変ですよ……」と。

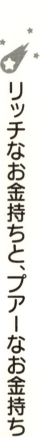

もう一人、一〇億円の借金があったというBさんは、「すでに九億九〇〇〇万円を返し終わって、借金の残りが一〇〇〇万円しかないんです！」とワクワクしていました。

そしてそのすぐあと、五〇〇〇万円の借金を苦に自殺した人のニュースを見た僕。

うーん、この相対感……。「お金ってなんだろう？　お金持ちってどんな人のことをいうんだろう？」と考えてしまいました。

世界の長者番付で長くトップだったアメリカの実業家ビル・ゲイツ氏は、自分の資産の九割くらいの、何兆円にもおよぶお金を慈善・福祉活動などに寄附しているようですが、それでも世界の貧困の子どもたちを救うにはぜんぜん足りないといっています。

ここまでくると、なんだか数字のマジックを見ているような気がしてきませんか。

お金持ちという概念は収入で考えるのが一般的ですが、年収が高いからリッチかといったらそうとは限りません。

僕がベンチャー企業の経営者向けの講演会に行ったとき、彼らはみんな年収数千万円以上で都心の超高級マンションに住んでいるのですが、「ぜんぜん金持ちになった気分がしない」といいます。

というのは、自分は年収数千万円だけど、一億円以上収入のある人はたくさんいる。その人たちを見ると、「自分なんか……」と思えてくるんだそうです。そして年収一億円の人はといえば、年収数十億円の人にはかなわないという。彼らの中には枯渇感がずっとあるんですよ。上を見たらキリがないのに（笑）。

セレブの奥さまグループと高級ホテルで食事したときのことです。

僕はおいしい料理を堪能するのに夢中でしたが、彼女たちの話題は「日本の円はどうなるかしら」「海外の投資もいまはよくないわよねえ」って、ずーっとお金の心配をしている。

数百億の資産があって生活には困らない人たちなのに、失う恐怖のほうに気持ちがシフトしているんですね。

かたや、いつも幸せそうな投資家がいます。何十億というお金をもっていながら普通のマンション住まいで、ぜんぜん贅沢な暮らしをしていません。

自分のお金は若者たちの夢に投資していて、幸せな人を作るのが自分の趣味なんだそう。彼は「お金というのは人の夢を叶えるための道具。だからお金が大好きです」といいます。こういうお金持ちもいるんです。

経営コンサルタントの方に聞いた興味深い話があります。

この業界では、業績が上がった会社の社長が、それまで乗っていなかった高級車に乗り始めたり高級スーツを着始めたりすると、その会社の経営が傾くというジンクスがあるそうです。私欲が出てくると、闇の部分も生まれるのでしょうか。

だからこれから上場する会社の社長には、今後は「公」の人間になるんだから、見栄を捨てて責任意識や覚悟をもってくださいとアドバイスするようです。

実際に自分がお金持ちになったら、「俺って、こんな窮屈な生活をするためにずっとがんばってきたわけ?」と思っちゃう人がいるかもしれませんね。傍から見れば「お金持ちっていいなー」と思うけど、苦労とワンセットになったお金持ちも少なくないはずですよ。

節約中
休日は電気も全て消して、じっと時が過ぎるのを待ちましょう…
一銭も使いたくないわ
毛皮

お金の量では測れない、本当の豊かさ

いくらたくさんのお金があっても、本人が「これだけしかない」「ぜんぜん足りない」と思ったらリッチな感覚にはほど遠いものです。

アフリカなどの、原始的な生活をしていた部族が、電気や文明の利器を使うようになると、もう元の生活には戻れなくなるといいます。

お金の感覚も同じです。人間って、一度知ってしまったら、一度もってしまったら、元に戻れないものなんだなと思ったものです。

でも僕たちは、もってしまった……。例えば、僕たちは携帯電話をもつようになってから、うっかり家に置き忘れたりすると、すごく不安になります。スマートフォン

の充電が切れそうになったときの心細さも、もっていなかったときには感じなかったこと。たかが電源ごときで、危機感さえ覚えますよね（笑）。

お金も、それに似た心細さや不安感を生むものかもしれません。

いくら銀行にたくさん貯金していても、財布の中に数百円しか入っていないとなれば不安になります。また年収五〇〇万円で普通に生活できていた人が、仕事が変わって年収一〇〇〇万円になると、五〇〇〇万円の収入では物足りないように感じてしまう。一度もってしまったがために、「これしかない」と不満に思ってしまうんです。

これだけ豊かな時代になると、リッチな生活ってなんだろうと思えてきます。

地方のものすごい田舎だって、いまはネットで情報は都会と同じように入ってくるし、郵便、宅配便があればなんでも手に入るし、広い家に住めて、公共の施設も整っていて、新鮮な食材にも恵まれている。

かたや、都会は比較的多くの収入が得られるかわりに、住居にかかるお金が高く、生活全般の支出額も大きい。稼いでも稼いでもお金が出ていくので、お金に追われる感があります。
そういう意味では、自然派志向で、お金のいらない自給自足の生活をしている人にとっては、お金を失うことへの恐怖は都会暮らしの人よりはるかに小さいはずです。お金に振りまわされがちな現代人は、あらためて「自分にとって、豊かな生活とは?」という問いかけをしてみる必要があるのではないでしょうか。

ただし、「お金になんか縛られない!」「こだわらない!」などと、極端に嫌ったり遠ざけようとすると、それはそれで不自然ですよね。本書で、何度も繰り返しているように、「縛られない!」「こだわらない!」と思えば思うほど、逆に「縛られる」「こだわる」ことになってしまいがちだからです。

毎日を楽しんでお金を稼ぐ

僕はみんなに「会社をやめてフリーの書道家になったとき、お金の不安はなかったんですか」とよく聞かれます。「なかった」と答えると、みんなに不思議がられるんですけど、あの頃の僕は世界中の人の名前を書くイメージや、人類に感動を与えたいという思いが大きくあって、お金のことを考える暇がないほど、自分の夢のことしか考えていませんでした。

また、築一〇〇年の古民家で暮らしていたことも幸いしました。そこはもともとお茶の先生が住んでいたこともあって、趣のあるたたずまい。広い庭には自然がいっぱいで、蝶や蛙が来るわ、近所の子どもたちやおばあちゃんも来るわで、お金の不安が出てくるような環境ではなかったんです。家賃は二〇万円とけっして安くはありませんでしたが、同じ家賃二〇万円でも都心のマンション住まいだったら、「稼がなくちゃ」と思ったかもしれませんね。

僕はいまも自分が楽しく暮らせるような環境作りをしていますが、それってけっこう大切。**仕事も日常生活も、時間配分を含めて、心豊かに過ごせる環境にしていくとリッチな感覚になるんです。**例えば、第二章でご紹介した「いい朝を迎える」のような工夫をすることです。

もう一つ、僕がフリーになってもなんとかやっていけると考えたのは、NTT時代にITコンサルタントの仕事をしていたおかげで、インターネットを使えば多くの人にタダで僕の存在を伝えられるとわかっていたからです。当時はインターネットなどIT時代の創生期。

昔だったら相当お金がかかったはずの広告を打たなくても、店舗をもたなくても、パソコンで検索すれば一番に僕のホームページが出てくる。そういう知識があったことも大きかったと思います。

好きなことをさせてもらって、お金までもらえるとなったら、ありがたいという気持ちしか生まれません。

ありがたいから人におすそわけしたくもなるし、好きな仕事、好きな環境、好きなことをやってお金がまわってきたら最高ですよね。それが資本主義社会で理想とするお金のまわり方。そのためには、**まずは自分の仕事を好きになって、楽しむことも大事**だと思います。

僕は以前、あるカード会社の社員を対象にした講演会で、仕事のモチベーションを上げる方法についてお話したことがあります。この仕事は人の笑顔に直接触れることも少ないため、仕事へのやりがいが生まれにくいもの。そこで僕だったらどこに感情を入れるかという話をしました。

カード払いの利点は、買い物で現金をじゃらじゃら数えながら出して支払うより、早く会計できること。

その数秒の差を一年間で合計したら、どれだけ時間が浮くか。その時間作りのお手伝いをして、社会のゆとりを作っていると考えたらどうかという話をしたところ、聞いているみんなの目がキラっと輝きました。

何も考えずにただ仕事をこなしているのか、それとも誰かの余白を作るお手伝いをしていると考えるのか。考え方を少し変えるだけで、仕事に対するワクワク感が違ってくるでしょう。

自分の仕事に対するスイッチが変わると、「お金のために仕事をしている」から「楽しいことをしてお金をもらっている」に変わってきます。

主婦の方たちなら、お金に換算されない家事を「本当はこれだけやったら時給いくらの仕事よ！」とイライラしながらこなすよりも、「家族がいつも元気に笑顔で暮らせるための仕事」という喜びに変えたほうが、やりがいも違ってくるような気がします。

自分が変われば、まわりの反応や状況も間違いなく変わってきますよ。

お金の価値観は変わってきている

僕は二〇一三年に文化庁の派遣でベトナムとインドネシアに一か月間滞在し、いろいろなお宅にお邪魔しました。

ベトナムやインドネシアは日本に比べると、物質的に貧しい国です。でもみんながとにかく幸せそうで、感覚がリッチ。時間がたっぷりあって、昼間からのんびりとカフェを楽しんだり、ハンモックで幸せそうに寝ていたりする（笑）。

そして印象的だったのは、お金の使い方が、とても〝軽い〟ということです。とくにベトナムは社会主義国家なので、土地をはじめ、何かを所有するという意識が少ないためなのか、お金をパッパパッパパッパと気前よく使います。ベトナム戦争時代の食べ物に飢えていた記憶がまだあって、それに比べると、自分たちはいますごく裕福に暮ららしているという意識もあるし感謝もある。

僕の住む湘南でお店を営んでいるサーフィン仲間も、人生のメインがサーフィンで、仕事は五番目だといってしょっちゅう遊んでいる（笑）。お店も三店舗以上にするとビジネスになっちゃうから、それじゃおもしろくないともいう。それでいて豊かに暮らしているから、ベトナムチックな感覚なんでしょうね。

お金の価値を決めているのは人間です。ダイヤモンドも金も、価値があると決めたのは人間です。バラの花もみんながすばらしいと思うから、高級イメージが定着しました。反対に、なぜかみんなに嫌われるゴキブリも、庭で目の敵にされる雑草も、人間が勝手に差別しただけのこと。

そう考えると、「これは何にでも交換できるお金というもの」と知らなければ、ただの紙切れに過ぎません。

そんなお金やモノに対する価値観も、このところ少しずつ変わってきているような気がします。いまはフリーマガジン、インターネット、WiFi、LINEなど、なんでも無料になり、お金がすべて、お金がなければ生きていけないという時代も変換期を迎えているのかもしれません。

昔の「貧乏」って、食べ物や生活必需品などのほしいものが手に入らないことでした。いまはこれだけ豊かな時代になって、むしろ「断捨離」とか、モノのないシンプルな暮らしのほうがもてはやされています。田舎暮らしにあこがれる人も多いでしょう。

世界のセレブの間でいま人気なのは、自宅にシェフを招いて、その土地で採れたオーガニック野菜の料理をしてもらうことなんだとか。つまり、美食を尽くしてきたお金持ちが最終的に行き着いたのは、昔ながらの素朴な食で、それが最高の贅沢になってきたということです。たしかに、日本でも食に限らず、時計や雑貨など、人の手がかかったアナログのもののほうが高価だったりしますしね。

僕が子どもの頃はデジタルウォッチなんて、高価なものだったのに、いまでは一〇〇円ショップでも見かけます。価値観は、時代や世相によって変わってくるものです。

人はお金があろうがなかろうが、リッチにもプアーにもなれます。いくら宝くじが当たっても、一億円を稼いだとしても幸せとは比例しません。

文句をいいながら嫌な仕事を毎日やって年間一〇〇〇万円稼ぐのと、好きなことをやって三〇〇万円稼ぐのとでは、後者のほうがリッチに思えます。家が狭かろうが、おかずが質素だろうが、好きなことをやっている人は満たされているから、お金で自分をもち上げる必要がないんです。

僕が思うに、いまの時代に日本という国に生まれたこと自体がリッチ。昔の人が上下水道を作ってくれたから水も飲めるし、電車を作ってくれた人がいたから移動も簡単にできるし、そう考えたら、数えきれないほどの人たちのおかげで豊かな暮らしを営めています。

だから、まずはすべてに感謝。

そしていま受けている恩恵をバトンタッチしていくつもりで、自分のラッキーをおすそわけしていきましょう。お金もみんなが幸せになれることをイメージして使っていくと、必ず巡り巡ってまわってきます。

★★★★★★★★★★ 4章のまとめ ★★★★★★★★★★

「ラッキーな人」のお金との付き合い方

☆ 「お金＝不浄」などの、ネガティブイメージを捨てる

☆ 節約はダイエットと同じ。無理に続けると必ずリバウンドする

☆ お金を貯めるには、節約術や投資術だけに集中せず、いまに満足する心の豊かさをキープする

☆ お金そのものに対して「ありがたい」と感謝の気持ちをもってみる

☆ 自分のためだけではなく、人のために使う

☆ しぶしぶ使うのではなく、ワクワクしながら使う

☆ お金の多寡とリッチさは比例しない

☆ お金とはつかず離れず、ゆるゆるの関係（執着を捨てる）で付き合う

☆ 自分の仕事の価値を見直す

☆ お金のために働くのではなく、楽しい仕事をしたうえにお金ももらっていると考えを切り替える

第5章

「ラッキー体質」をさらにレベルアップするために

感謝の気持ちは素直な気持ちで

僕がいつもラッキーに恵まれているのは、運命でも、性格でもなく、やはり「ラッキーメガネ」と「感謝メガネ」をかけ続けてきたことが大きいと思います。

「習慣」とは、意識せずに継続していくことですが、習慣になったら最強です。

しかし、習慣になったらこれで終わりというわけではありません。

ラッキー習慣も、僕は永遠に道が続く「ラッキー道」だと思っています。

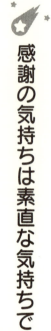

書道という字に「道」がついているように、書は、やればやるほど奥深い道が見えてきます。何かまだ先にあると思うから、もっと極めてみたいと思うばかりです。

「ラッキー道」も最初は慣れないヨチヨチ歩きから始めて、どんどんレベルアップしていくと、ますますラッキーの波がやって来ます。

そしてラッキーだらけになると、感謝の気持ちしか生まれてきません。するとまた新たなラッキーがやって来て、それが繰り返されます。

この章では、そうした習慣をもっと極めるために、「こんなこともやってみたら」「これは注意ね」ということを書いていきたいと思います。


まず、ラッキー習慣の要、感謝の気持ちについて、です。

ラッキーメガネや感謝メガネをかけて、いくら「私はラッキー！」「ありがとう！」とやったとしても、心の内で「これでラッキーが来るはず。むふふっ」と見返りを期待した場合はなんの効果ももたらしません。前にも同じようなことを書きましたが、重要なことなので、繰り返しますね。

「これだけ感謝したんだから、きっと！」と期待することは、感謝を「取引」に利用しているのと同じこと。それは「神社でお賽銭をはずんで拝んだのだから、ご利益があるに違いない」と期待するようなものです。

ましてや「天とつながろう」と念じて必死にコールしても、まず無理（笑）。邪心のない素直な気持ちが一番です。

ただ難しいことに、人は無心になろうと思えば思うほど、さまざまなノイズ（雑念）が入ってきて、これが困りもの。座禅も瞑想も、無の境地にまで到達するのはなかなか難しいものです。

お坊さんはよく瞑想や滝行などをしますが、あれは修行で特別な力をつけようとしているわけではなく、ノイズを取り除いて物事を正しい目で見る力をつけるためにやっているんです。まさに般若心経というお経にある「色即是空《しきそくぜくう》」ですね。色即是空とは、物質的な現象には、実体がない、というような意味です。

それだけ人間は、払っても払っても入ってくるノイズに悩まされてきたということです。

しかし、そのノイズを取ると、直感が天の「気」につながりやすくなります。

一生懸命がんばったり、必死で考えたりしているときより、何も考えずに楽しんでいたり、お風呂でリラックスしているときのほうがいいアイディアが出てきたりするものでしょう。つまり、**ノイズを取るほどラッキーになる**んです。

ここでちょっと誤解のないように。何も考えず「直感だけがすべて」といっているわけじゃありませんよ。

思考は行動する上での大切なコントローラー。リスクマネジメントをしながら、少しだけ方向を操作するコントローラーも重要だし、人間が社会で生きてく上では必要なのでお間違いなく。

三度の食事でラッキー力をつける

ラッキー習慣によって、小さなラッキーがたくさん起きてきたら、自分の元に来たラッキーに感謝して十分味わいましょう。

寒い日にあったかくておいしい味噌汁を〝味わう〟ような感覚で、「また来ちゃった〜。ラッキーメガネをかけてたら、本当にラッキー人間になったなあ。うれしいなあ。ありがたいなあ」って感じに。

これがまた次のラッキーを呼び寄せます。

じつは「味わう」という感覚は、限りなく感謝の気持ちに近いのです。

食事のとき、何も考えずに食べるのと、味わいながら食べるのとでは、ありがたみもまったく違ってきますよね。おいしい野菜や肉、魚などが食べられる幸せ、みんなで楽しく食べられる幸せをかみしめながら、料理を作ってくれた人、お百姓さん、おいしく食べられる自分の体にもありがとうといいたくなります。

見るもの聞くもの、なんでもラッキーと思うのはいささかハードルが高いな、と思う人も、少なくとも一日三回、食事のたびに「ご飯を食べられてありがたいな。ああ、おいしいな」とラッキーを味わう時間にしてみてください。これなら無理なく習慣にしやすいでしょう。

自分は毎日こうして命の恵みをいただいている、と気づくだけでも、ラッキー体質は確実にレベルアップしていきます。

僕はそういうことも含めて、三度の食事をとても重要視しています。

たとえコンビニ弁当でもファストフード、例えばハンバーガーでも、目の前にあるものを味わって楽しみたい。何を食べるかよりも、どういう気持ちで食べるかを大切にしています。

真剣に味わって食べたいから、ときには目をつぶって味わってみる。そうすると、味覚が研ぎ澄まされていっそうおいしく感じるものです。

しかし心や時間にゆとりがないと、ゆっくりと味わうことなんてできません。仕事のことを考えながら、あるいは心配事を思い浮かべて食事をしたり、急いでご飯をかきこんだり、こなすように食べるのは避けたいもの。

毎日忙しくて、なかなか食事を味わう余裕はないなんて考えていませんか。でも、忙しいなら少し工夫すればいい。僕の場合は、前述したように、朝は食事の時間に余裕をもたせ、仕事も無理に入れないようにしています。こんなふうにライフスタイルを作っていくと、食事をはじめ、いろいろなことを味わうことができるようになって、心も自然と豊かになるんです。

いまはみんな忙し過ぎて、食事もセカセカとすませ、孤食や個食が多くなっていますよね。その上、カロリーがどうこうとか、健康にいいか悪いかとか、そんなことば

「味わう」と「貪る」はちがう

かり考えて食べるのは食べ物にも失礼じゃないかな？　もちろん、食の安全は大切で、さまざまな安全基準が守られていることが前提ですけれど。

食は健康のバロメーターでもあり、幸せのバロメーター。そしてラッキーに感謝してラッキー力をつける大切な時間でもあるのです。

ゆるくゆるく、力を抜いて

「ラッキーの波は力を抜いて、気楽に待ちましょう」とはいっても、日本人はどうしてもがんばってしまう性分。江戸時代の人はもっとゆるゆるに生きていたと思うんですけれど、これも時代の流れってやつでしょうか（笑）。

近頃は「△△のために」という目的を設定してしまう傾向があります。「寝たきりにならないために運動する」「東大に入るために勉強する」など、目的主義になりがちです。そして、**未来のために現在を犠牲にして、常にいまをがまんして生きている。**「成績が上がればいい学校に入れる」「地位が上がれば社会に認められる」「こうすれば、こうなる」と。

これって、感謝の「取引」と同じ発想ですね。

でもずっと取引をしているから、もらえるはずのものがもらえないときは不満や不安の気持ちがどどーんっと押し寄せてくる。

現代人はもっと気持ちをゆるくして、いまを楽しむゆとりが必要なんじゃないかと思います。

運動だって、単に健康のため、ダイエットのためと考えてやるのではなく、運動そのもの、体を動かすことが楽しいと思ってやれたら、それこそラッキーです。

先に書いた「味わう」ことも、心がゆるくなっていなければ味わえません。

「ああ、ビールがうまい〜」「ヤバッ、これうますぎる!」っていうときって、リラックスしているときでしょう。たとえどんなにおいしいものでも、目の前にいるのが取引先の社長だったり、気を使う相手だったりしたら、緊張して味がわからなくなる。

力が入っているときは、一個一個こなすのが精一杯。仕事でもなんでも味わうゆとりや楽しさが感じられないと、エネルギー値が低くなります。

イライラしながらすごいスピードで一〇個こなすより、めちゃくちゃ楽しんで一個こなすほうが、自分にもたらされる「利」は高くなるんです。ちょっとわかりにくいでしょうか（笑）。

例えば、パーティで人脈をひろげようと一生懸命名刺を配っている人と、そのパーティをとことん楽しみ、気の合う人とたくさん会話しようとしている人では、あきらかに後者のほうが周囲から好意的に受け止められます。

どっちが成功するか、離れた視点で見てみるとよくわかりますよね。

僕は講演会などで地方に行くときは、余裕をもって前日に入り、のんびりとあちこちを見たり、おいしいものを食べたりしてから、講演会に臨みます。そうすると、話もその土地の感想を交えながらできるので、お客さんも喜んでくれるんです。

僕自身、休みながら遊びながら仕事をしている感覚なので、まったく疲れません。むしろエネルギー値が高くなって、〝リア充〟の毎日。

ゆるゆるに生きていると、小さなことにも感動の発見があり、「すごい、すごい」

とやっているうちに、またラッキーが向こうからやって来るというわけです。

ただし、僕のいう「ゆるさ」は、ヒッピーのようにゆるくとか、社会からはずれた仙人のように生きるということとはちょっと違っていて、まわりのスピードが上がっても、力を抜いてそのスピードにやや合わせられるくらいのゆるさです。人間関係や社会から逃避するようなゆるさは、逆に生きにくいですからね。

習慣は徐々に身につけられていきますが、気負ってしまうとラッキーメガネも重く感じるようになります。がんばりすぎて「ああ、やっぱり私には無理。不運体質から変われな〜い」と思ってしまったら元のもくあみ。

「今日はラッキーメガネをかけてみようかな〜」くらいの気楽な気持ちがいいんです。

よく「石の上にも三年」といいますが、実際、細胞のサイクル的なものも関係して、**なんでも継続していると、三年を境に大きく上達したり大きく変わることが多いんで**

す。そして、一度身についた習慣は、そう簡単に崩れません。三年間はあきらめずにやっていきましょう。

「★★さえすれば」「★★さえあれば」はNGワード

最近は、寺社仏閣などのパワースポットとか、神秘的な力を秘めているといわれるパワーストーンなどが人気を呼んでいます。

たしかに、それらのパワーは否定しませんが、「この神社にお参りさえしておけば大丈夫」「この石さえ身につければラッキーになる」なんて思うのはとってもキケン。ラッキーのアウトソーシングみたいになっちゃいます。

例えば、「このサプリさえ飲んでいれば健康」と思って飲んでいる人は、「この、サプリを飲まなければ不健康」と思っているようなもの。

また、「この化粧水を使えば肌がスベスベ」といっている人も、「この化粧水を使わなければ肌がカサカサ」といっているのと同じです。いまは使っているからきれいなんだけど、化粧水がないときの自分を否定しているでしょう。
「もともと肌はきれいなんだけど、でもこれを使うとさらによくなるのよね～」と思って使うのがベストです。

そもそも、自分で自分のデフォルト値を上げなければ、何かにずっと依存している状態になります。「マズイ！　今日はあのグッズをつけ忘れてきちゃった！」と不安になる。そして、依存すればするほど、逆に自分への信頼の値が下がっていくんです。
このからくりだけはしっかりと覚えておきましょう。

外部のものに幸せを連動させると、ずっと振りまわされてしまいます。自分のコアや、もともとの力を引き出すものというくらいにとらえておくとちょうどいいのではないでしょうか。

それから、たま～にですがエネルギーに「ゆらぎ」のようなものが生じたとき、例えば宝くじが当たったりとか「え〜! うそ〜」みたいな、スゴイことが起きる場合もあります。しかしそれは、たまたま「ゆらぎ」で起きた一点というだけなので、すぐに元に戻ってしまいます。

そうすると、元の地点に戻ったときどういう現象が起きるかというと、そこが低く見えてしまうんです。「宝くじが当たったときは幸せだったのに、そのお金がなくなったいまは幸せじゃない」と。つまり以前よりも幸福度が下がってしまった状態です。

しかも、以前は幸せに思えていたことが、幸せとは思えなくなっている。例えば、家族の団らんに大きな幸せを感じていたのに、お金の興奮が忘れられずに、団らんさえ色あせて見えるとしたら、悲劇です。だったら当たらなきゃよかったという話ですよね。

その象徴的な話として、お金持ちになりたくて、がんばってお金持ちになった人は怒りやすい人や不機嫌な人が多いといわれています。

「俺はこんなにがんばって金持ちになったのだから、もっと敬え」「こんなに金を払っ

これで安心
み…
身動きとれん…
開運
運
大吉
ラッキー

ているのに、お前はなんでそんな態度をとるんだ」などと、不満のほうが表に出てきてしまうんですね。

結局はお金持ちになる前より不幸になってしまっている。

繰り返しますと、外部のものと幸せをリンクさせないことが一番。ゆらぎが起きてビッグウエーブがきたら、ほら、おすそわけ、おすそわけ。

幸せはシェアすることを忘れないでくださいね。

もしも、不運に見舞われたら

病気や事故、身内の不幸など、自分ではどうしようもない状況下に置かれることがあります。

そんなときは、まず受け入れることです。とはいえ、それが難しいところですよね。出来事によっては受け入れるのに時間がかかることもあるでしょう。ただし「時薬」という言葉があるように、多くのことは時間が癒し、解決してくれます。

そして、受け入れることができたなら、いまできることに目を向ける。僕の場合は、病気になったとき、とにかく思いつくもの思いつくものに「ありがとう」と書きまくり、健康な自分をイメージし続けました。まさに「言霊」効果、その後よくなったのも、このおかげも大いにあると思っています。

ただし、こういうときに**危険なのは「無理ポジ」です。**無理にプラスに転じようとすると、かなり陰の部分を生んでしまいます。不運な状態が続いているときは、一生懸命ポジティブになろうとしても、表向きの自分と本音の部分がせめぎあっている。そこまでして無理に「自分はラッキーだ」とは思い込まないことが大切です。

ごく自然に、そのやっかいな波が通り過ぎるのを待つといいでしょう。

じつは僕は、ポジティブといいつつも、心配症です、いやホントに（笑）。

妻と連絡がとれないときは「何かあったのか？」と心配になってあせる。痛みに弱いほうなので、口内炎でもがんじゃないかなと思ったり、胸がズキンとしただけで、心臓病かな、もしかしたら死ぬのかな、などと思ってしまう……。

お金や人間関係の心配はしませんが、この地球上の人類や生物の命への心配はものすごくしちゃうんです。

だから僕だって、全部が全部ポジティブではないということ。人間だから当然、不安や恐怖心もあります。不安や恐怖の矛先が普通と違うところはありますが（笑）。

ここまで「ラッキーの波をさまたげるのは、不安や恐怖による心のブレーキ」といってきましたが、僕はそれを完全に排除してくださいというつもりはありません。

それらの感情は、危険信号を察知するためのリスク・マネジメントですからね。そういうメガネもときには必要です。

ただし、それが「思いグセ」になってしまっていないか、ちょっと自分を振り返ってみるだけでぜんぜん違います。

僕は「心配症の自分」を認めたことで、けっこう気持ちが楽になりました。

本当は怖くて苦手だった飛行機も、無理して「大丈夫！　絶対落ちない」なんて前向きに考えることを、あるときからやめたんです。そして心をニュートラルにしたら、いまは飛行機を楽しめるようになりました。

自分の状況を受け入れ、自分自身を認め、自分なりのチューニングをしていくことも大切ですね。

老子は「求めない」ことの大切さを説きましたが、欲やエゴを捨てると、理想のかたちで、ベストなタイミングでラッキーはやって来ます。

それを信じて、あせらずゆっくりと、ニュートラルな状態を保っておけば、遠くからやって来る最高のいい波がきっと見えてきますよ。

ラッキーの先に見えてくるもの

僕はずっとラッキー習慣を続けてきて、それがいかに幸せにつながるかを実感してきました。僕だけじゃなく、ラッキーなことが次々に起こる人も、僕と同じようなラッキー習慣があるとわかり、ますます自信を深めてきました。

僕のミッションは、**人類に喜びの習慣を広めていくこと。**運さえも変える「習慣」という軸が今後の活動の根幹になると思います。

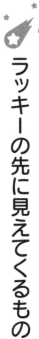

僕は自分たちが生きている意味、存在の意味ってなんだろうなと考えたとき、大きな流れの中の一部、大河の一滴であることに思い至りました。

僕たち人類は、宇宙レベルで考えたとき、同じ意識の世界から枝分かれしていって、たまたま違う人間になって生まれてきたといわれています。俗に「グレートスピリット」といわれる宇宙の創造主から、いくつもの物質が分離していって、個々の人間になっていると。まさに「人類みな兄弟」です（笑）。

分子レベルで見ても、人間の体の細胞は個々に再生を繰り返し、何年かで全部入れ替わるといわれています。つまり、一〇年前の自分の細胞はいまの自分には一個もなく、物理的に自分は〝流れている〟ということです。自分の体が全部変わっているということは、他人との体の区別がなくなっているも同然。

そう考えると、「自分は」「あの人は」ときっちり線引きして、エゴの世界に入ってしまうこと自体が無意味に思えてきませんか。

しかも、根っこは同じ意識から立ち上がっているので、深い意識レベルの世界では、みんながつながり合っているのではないかと僕は思っているんです。

いまはインターネットなどのメディアを通して世界中の人々が情報を共有していま

すが、それがなくても波動は伝わるもの。「みんなが同時に、同じようなことを考えていた」という統一的意識も生まれるはずです。

よく「同時多発現象」とかいわれますが、接点のない、離れている環境にあっても、同時に同じことが起きる場合があるようです。飛行機はライト兄弟が発明されたとされていますが、一説ではあの頃、世界の各地で同じような飛行機が作られていたこともわかっています。

しかも同時に同じことを考え、同じことをする人が、相当数を越えると爆発的なエネルギーになって、そのビジョンが現実になります。

「世界感謝デー　感謝69」も、みんなが同時に感謝の思いを抱いたら、幸せな未来が引き寄せられるとの考えが根底にありました。

僕たちのような「表現」をする人間は、基本的に人の心を動かすことを核に据えて活動していますが、そこにも何か役割があるのだと思います。

僕の場合は、たくさんの人の感情の波形を整え、世界中の人がラッキーになるような世界を目指しているところ。

ちょっと大きな夢を真面目に語っちゃいましたが、みんなでラッキーになって、幸せをシェアしながら生きていける社会になればと、夢がふくらむばかりです。

いや、求めたり願ったりはしていませんよ（笑）。「きっとそうなる」と僕は信じているんです。

★★★★★★★★★★ **5章のまとめ** ★★★★★★★★★★

ラッキーレベルアップのコツ

☆ 感謝を「取引」に利用しない

☆ 普段からノイズ（雑念）を取る

☆ 一日三度の食事を「味わい」「感謝して」食べる

☆ 将来の「△△のため」ではなく、「いま」を楽しむ

☆ 気負わず（社会からはずれないくらいに）ゆるく生きる

☆ ものや場所などに依存しない

☆ 困難な出来事は受け入れる。でも、無理にポジティブにならない

☆ あせらず、ゆっくり、いつもニュートラルな状態が理想

この本をきっかけに
あなたもラッキー道に
進んでいかれることを
願っております。

武田双雲

武田双雲（たけだ・そううん）

熊本県生まれ。書道家。書道教室「ふたばの森」主宰。3歳より書道家である、母、武田双葉に師事。書の道を歩む。東京理科大学理工学部卒業。NTTに就職。約3年間の勤務を経て、書道家として独立。ストリート書道からスタートし、以来、さまざまな活動を展開する。NHK大河ドラマ「天地人」、映画「北の零年」などの題字を手がける。また、さまざまなアーティストとのコラボレーションや、パフォーマンス書道、斬新な個展などで注目を集める。テレビ、雑誌などのメディア、イベント、講演会などでも活躍。

著書に『一日一魂』（清流出版）、『ポジティブの教科書』（主婦の友社）、『むなしさの正体』（朝日新聞出版社）、『イヤな気分を捨てる技術』（PHP研究所）、『人生に幸せ連鎖が起こる！ ネガポジ 変換ノート』（SBクリエイティブ）、『一瞬で幸せが訪れる 天国めがねの法則』（KADOKAWA）など多数。

公式ウェブサイト　http://www.souun.net/
公式ブログ　http://ameblo.jp/souun/
感謝69公式サイト　http://kansha69.com/

ラッキーになれる習慣
僕がいつも“ツイてる”理由

2016年7月27日［初版第1刷発行］

著者　武田双雲

発行者　藤木健太郎
発行所　清流出版株式会社
東京都千代田区神田神保町3-7-1 〒101-0051
電話 03(3288)5405　ホームページ http://www.seiryupub.co.jp/
編集担当 古満 温
印刷・製本　大日本印刷株式会社

乱丁・落丁本はお取り替え致します。
ISBN 978-4-86029-448-9